Innovación y desarrollo emprendedor en el sureste de México

Compiladores

Red Internacional de Desarrollo Sustentable
Jorge Víctor Hugo Mendiola Campuzano
Alejandro Alpuche Palma
Heradia Pascual Cornelio
Ana Laura Luna Jiménez
Nicolás González Cortés
Román Jiménez Vera

bubok
EDITORIAL

Innovación y desarrollo emprendedor en el sureste de México

Editores

Red Internacional de Desarrollo Sustentable

Jorge Víctor Hugo Mendiola Campuzano

Alejandro Alpuche Palma

Heradia Pascual Cornelio

Innovación y desarrollo emprendedor en el sureste de México. Red Internacional de Desarrollo Sustentable. Primera edición, 4 de septiembre de 2025.

Esta obra es el resultado de proyectos de emprendimiento desarrollados por alumnos de la División Académica Multidisciplinaria de los Ríos de la Universidad Juárez Autónoma de Tabasco, quienes participaron en el curso Creación, Innovación y Gestión Empresarial, impartido por integrantes del cuerpo académico "Administración y Desarrollo Tecnológico con Enfoque Multidisciplinario UJAT-CA-279".

Los trabajos presentados fueron evaluados bajo el sistema de dictaminación por pares, con la participación de miembros de cuerpos académicos, grupos de investigación y docentes de instituciones educativas colaboradoras.

Si bien estos grupos disciplinares promueven la reproducción y difusión, total o parcial, del material contenido en esta obra, queda estrictamente prohibida su reproducción total sin la autorización previa, expresa y por escrito de los titulares de los derechos, conforme a lo establecido en la Ley Federal del Derecho de Autor.

El uso con fines no comerciales podrá ser autorizado de forma gratuita, previa solicitud formal. Cualquier reproducción con fines de reventa u otros usos comerciales, incluidos los fines educativos, podrá estar sujeta al pago de derechos o tarifas correspondientes.

índice

Introducción

La presente obra, "Innovación y desarrollo emprendedor en el sureste de México", reúne una colección de proyectos que representan el esfuerzo, la creatividad y el compromiso de egresados de la Universidad Juárez Autónoma de Tabasco, guiados y asesorados por profesores comprometidos con el impulso del talento joven.

Cada capítulo refleja la aplicación práctica de los conocimientos adquiridos durante la formación académica, materializados en propuestas y desarrollos que responden a necesidades reales de la región. Entre estos proyectos destacan sistemas de información para la modernización de servicios públicos, plataformas web para la comercialización de productos locales, herramientas tecnológicas para optimizar procesos empresariales y soluciones innovadoras que fortalecen la competitividad de negocios en diversos sectores.

La importancia de estos trabajos radica no solo en la innovación tecnológica que aportan, sino también en el impacto social y económico que generan, al vincular la investigación universitaria con las necesidades de la comunidad. Los egresados han demostrado que, con una formación sólida y el acompañamiento de mentores experimentados, es posible transformar ideas en soluciones efectivas que contribuyan al desarrollo sostenible del sureste mexicano.

Este libro es testimonio del potencial de la educación superior como motor de cambio y de la sinergia que se produce cuando estudiantes y docentes trabajan de la mano en la creación de propuestas que trascienden el aula para convertirse en herramientas de progreso para la sociedad.

Capítulo 1.

Diseño de un sistema de información para la emisión de títulos de los cementerios de Tenosique, Tabasco, México.

Gaspar Sierra Hernández[1], Jorge Víctor Hugo Mendiola Campuzano[2], Alejandro Alpuche Palma[3], Heradia Pascual Cornelio[4] . (*gsierra199@gmail.com).*

Resumen

El estudio propone el diseño de un sistema de información para el Registro Civil del municipio de Tenosique, Tabasco, enfocado en la emisión de títulos de cementerios mediante un emprendimiento tecnológico. En un contexto global de innovación y digitalización, se destaca la importancia de implementar tecnologías de información para mejorar la eficiencia y calidad en los servicios públicos. Usando la metodología de prototipos, se desarrolló una herramienta con funcionalidades como gestión de trámites, emisión de títulos, cesión de lotes y generación de reportes automatizados. Entre los beneficios esperados se incluyen la agilización de procesos, reducción de errores, acceso más rápido a la información y mayor eficiencia operativa. La propuesta demuestra que la digitalización de procesos puede modernizar significativamente la gestión pública, mejorar el servicio al ciudadano y facilitar la toma de decisiones en las instituciones.

Palabras clave: Sistema de Información, Cementerios, Diseño, Títulos, Registro Civil.

Abstract

The study proposes the design of an information system for the Civil Registry of the municipality of Tenosique, Tabasco, focused on the issuance of cemetery titles through a technological venture. In a global context of innovation and digitalization, the importance of implementing information technologies to improve the efficiency and quality of public services is emphasized. Using the prototyping methodology, a tool was developed with functionalities for issuing titles, whether for purchase, donation, or transfer of plots and generating automated documents. Expected benefits include streamlined processes, error reduction, faster access to information, and greater operational efficiency. The proposal demonstrates that the digitalization of processes can significantly modernize public administration, improve citizen services, and facilitate decision-making in institutions.

Keywords: Information System, Cemeteries, Design, Titles, Civil Registry.

[1]Autor de correspondencia: gsierra199@gmail.com, https://orcid.org/0009-0009-3547-1439 Universidad Juárez Autónoma de Tabasco, Tenosique, Tabasco, México.

[2]jorge.mendiola@ujat.mx. https://orcid.org/0000-0001-8043-0315. Universidad Juárez Autónoma de Tabasco, Tenosique, Tabasco, México.

[3] alejandro.alpuche@ujat.mx. https://orcid.org/0000-0003-2447-0966. División Académica Multidisciplinaria de los Ríos de la Universidad Juárez Autónoma de Tabasco, Tenosique, Tabasco, México.

[4] heradia@hotmail.com. https://orcid.org/0000-0003-1624-0685. Universidad Juárez Autónoma de Tabasco, Tenosique, Tabasco, México.

Introducción

Actualmente, el panorama mundial está en una constante transformación, debido principalmente a los cambios tecnológicos, así como la incursión de diversos modelos de innovación, por lo que estas inclusiones en las organizaciones juegan un papel preponderante. En muchos países del mundo, se ha incrementado la inversión pública en Investigación y Desarrollo (I+D); bajo este entorno, la creación de Emprendimientos de Base Científico-Tecnológica (ECT) deben representar la cimentación en las estrategias para la adopción de la innovación, para lo cual, la creación y el desarrollo de capacidades científico-tecnológicas son la base (Kantis y Angelelli, 2020; García, 2021).

El emprendimiento puede conceptualizarse como un fenómeno práctico simplificado y complejo, que las organizaciones experimentan, adoptan e introducen en su operatividad y funcionalidad, con el propósito de constituir una acción que permita no solo mejorar y superar las condiciones organizacionales, además de incidir en el bienestar social (Marulanda *et al.*, 2013; Ruiz *et al.*, 2015; Zamora, 2017).

De acuerdo con Lozada *et al.* (2021), la conceptualización referente al emprendimiento se ha visualizado desde diversas perspectivas y en la actualidad, se considera una estrategia que permite generar un valor a los nuevos proyectos a fin de potencializar a las pequeñas y medianas empresas, ya que, mediante esta dinámica creativa e innovadora, incursionen y se posicionen en los mercados bajo un contexto globalizado.

Por otra parte, la optimización en la productividad y competitividad de las organizaciones está ligada a la adaptación de una cultura innovadora, la flexibilidad y estructuración del sistema productivo o de servicio, así como la participación de instituciones que beneficien la operatividad y mecanismos en los mercados. Con ello, la formación de redes empresariales, la flexibilización organizacional, así como la adaptación de sistemas de producción más eficientes y sostenibles, han permitido aumentar la productividad y competitividad (Morales *et al.*, 2015; Buil y Rocafort, 2016).

En este sentido, los sistemas de información proporcionan ventajas tecnológicas tanto para usuarios como para las empresas que las implementan, ya que, mediante la automatización de procesos, se pueden realizar múltiples actividades de una forma más eficiente con una mayor maximización de los tiempos de respuesta, con la finalidad de lograr mejores resultados en el servicio al cliente. De acuerdo con Fleitman (2000), los sistemas deben proporcionar información clave para la toma de decisiones, siendo presentada esta información de una forma más sencilla, clara, expedita, veraz, precisa, consistente y fácil de analizar e interpretar.

En la actualidad, la implementación de sistemas de información en instituciones públicas es de vital importancia para la organización, a fin de maximizar los tiempos de respuesta en diversas tareas y procesos, así como el contar con la información oportuna y pertinente generada en cualquier momento; por su parte, los ciudadanos se benefician mediante la mejora en el servicio y la atención que le brinden. Farrera y Martínez (2016) plantean que las ventajas que conlleva para el gobierno implican que éste pueda proporcionar un mejor servicio en cuanto al tiempo, haciendo la gobernanza más eficaz y efectiva.

Cabe señalar que, uno de los grandes compromisos que debe asumir la administración pública, consiste en el mejoramiento de las gestiones para satisfacer las necesidades demandantes por parte de la sociedad, con la finalidad de asumir credibilidad, confianza y aceptación por parte de la ciudadanía y con ello, obtener una valoración positiva por las acciones institucionales; por ello, las instituciones públicas deben en todo momento, considerar la adopción de acciones y estrategias aplicadas exitosamente en el sector empresarial privado, a fin de ser más eficiente y optimizar los procedimientos y operatividad, prestar un mejor servicio al ciudadano, así como lograr altos niveles de aceptación y reconocimiento (Boscán *et al.*, 2017).

Ávila (2014) señala que históricamente, la implementación de tecnologías a generado importantes cambios en el ámbito laboral de todo el mundo, desde las organizaciones privadas, hasta las de orden público, lo cual ha sido evidenciado mediante la optimización de la organización interna, los procesos de comunicación, operatividad, convivencia y aprendizaje.

Estas implementaciones, implican transformaciones de carácter integral en la propia institución, ya que debe considerar diversos factores como: la adaptación de infraestructura que se requiere, la aportación de innovaciones, los costos implicados, los pros y contra que incidan en la estructura organizacional, las normatividades jurídicas que concilien su adecuado empleo, así como considerar la capacitación y adiestramiento del capital humano e intelectual, con el propósito de garantizar un óptimo funcionamiento; por lo tanto, se requiere del personal adecuado para su operatividad (Benavides, 2004; Rivera, 2006).

De esta forma, la implementación de Sistemas de Información (SI), así como de las tecnologías de información (TI) en las organizaciones, debido a los fenómenos de globalización y competitividad que se están presentando a nivel mundial, se han incrementado en los últimos años y debido a su empleo, se han generado cambios en las organizaciones, lo cual les ha retribuido notables beneficios (Lara *et al.*, 2013; Ávila, 2014).

Hoy en día, estos implementos pueden observarse en toda organización, independientemente de su naturaleza o tamaño, ya que han sido adoptadas en los diversos niveles estructurales, a fin de promover la optimización de su funcionamiento, ya que, al emplear los Sistemas de Información en conjunto con las Tecnologías de la Información, se pueden automatizar diversos procesos operativos y con ello, agilizarlos, reducir costos, minimizar tiempos, fomentar el trabajo colectivo e innovar (Chávez y Sánchez, 2013; Criado y Gil, 2013).

Particularmente, los Sistemas de Información, han sido implementados en la industria, comercio, empresas de servicios, instituciones públicas, empresas privadas y sociales, pertenecientes a cualquier dimensión (chicas, medianas o grandes), las cuales pueden o no tener fines de lucro, pues los sistemas de Información son vistas como herramientas que potencializan los procesos desarrollados en cualquier nivel de la organización, por tanto, son herramientas indispensables que aportan al procesamiento de datos y así, generar información de utilidad que permita la toma de decisiones por parte de los altos mandos, así como para respaldar cada una de las actividades realizadas en las organizaciones (Sour, 2007; Ávila, 2014; Vargas *et al.*, 2019).

Así, las organizaciones emplean la Tecnología de la Información con el objetivo de detectar y responder con rapidez a la demanda cambiante de los clientes (Pérez y Dressler, 2007), siendo de gran importancia para mejorar el funcionamiento de la organización, por lo que el desarrollo de los Sistemas de Información que hagan posible la automatización en diversos procesos que en muchas ocasiones se realizan de manera manual, hacen más eficaz el manejo e ingreso de datos y permiten acortar los tiempos de espera, así como el acceder a una información actualizada y veraz; asimismo, los datos almacenados pueden ser mejor protegidos, lo cual aumenta su seguridad, haciendo posible el denegar cualquier intento de uso indebido de éstos.

Por todo lo anterior, el presente trabajo de investigación tiene como finalidad el proponer un Sistema de Información para el Registro Civil del H. Ayuntamiento del municipio de Tenosique, Tabasco; México, el cual desarrolle las certificaciones funerarias a través del desarrollo de un emprendimiento tecnológico, basado en herramienta informática que contemplen las tecnologías actuales, para mejorar las prácticas anticuadas para el tratamiento y almacenamiento de datos, por lo que el Sistema de Información brindará beneficios oportunos tanto para los servidores públicos, así como para los ciudadanos que requieren de los servicios.

Materiales y métodos

Modelo de prototipos. Se determinó el uso de la metodología de prototipos debido a que, como menciona Pressman (2010), los plazos apretados del mercado hacen que sea imposible la terminación de un software perfecto, pero debe lanzarse una versión limitada a fin de aliviar la presión de la competencia o del negocio.

Figura 1. *Ciclo del modelo de prototipos.*

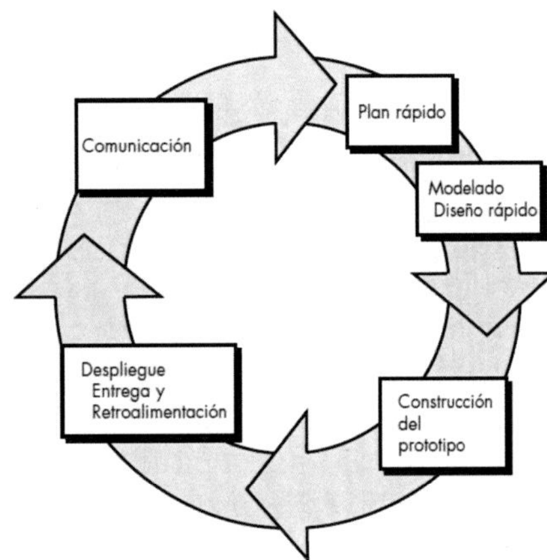

Plan rápido. En esta etapa se realizó una entrevista no estructurada al Lic. Irving Garrido Lastra, Oficial del Registro Civil del H. Ayuntamiento de Tenosique, debido a que las entrevistas sin estructura formal ofrecen como beneficio clave la capacidad de investigar aspectos imprevistos que pueden resultar determinantes para el buen funcionamiento del sistema (Sommerville, 2017). En esta el funcionario destacó la necesidad de digitalizar los procesos manuales actuales, facilitar la consulta ágil de registros históricos y generar reportes automatizados. Esta información fue fundamental para identificar los requerimientos necesarios para desarrollar el diseño de interfaces que se adaptan a las necesidades específicas de la administración y los ciudadanos.

Modelado – Diseño rápido. En el caso del diseño de las interfaces de usuario se utilizó Visual Studio 2022, es un entorno de desarrollo integrado diseñado por Microsoft, el cual brinda herramientas para que los desarrolladores puedan construir, depurar y lanzar aplicaciones compatibles con múltiples plataformas, entre ellas Windows, Android, iOS, web y entornos de nube (Microsoft, 2023).

Para el modelado de la base de datos se utilizó Erwin Data Modeler dado que es una herramienta de modelado de datos que permite diseñar, optimizar y documentar estructuras de bases de datos relacionales y no relacionales, permitiendo a las empresas gestionar de manera más eficiente sus recursos de información (ERwin Data Modeler, 2024) resultando en la Figura 2.

Figura 2. *Modelo de base de datos.*

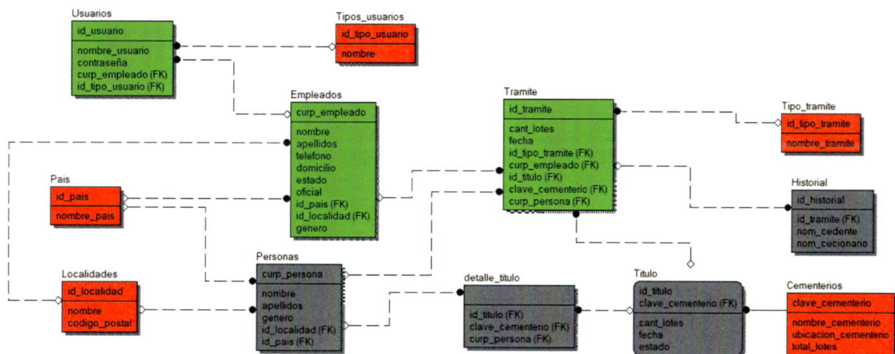

Construcción del prototipo. El prototipo se creó empleando Visual Basic el cual se trata de un lenguaje de programación de Microsoft basado en objetos, diseñado para simplificar el código y acelerar la creación de soluciones para Windows, la web y servicios gracias a su entorno de desarrollo avanzado, (Microsoft, 2023) y en cuanto a la base de datos se hizo uso de SQL Server 2019 debido a que es una plataforma de gestión de base de datos relacional que ofrece capacidades robustas para el almacenamiento seguro, recuperación rápida y gestión centralizada de información empresarial (Microsoft, 2022).

Al ser esta una propuesta de diseño, las fases siguientes de ***Despliegue – Entrega y retroalimentación*** y ***Comunicación*** del modelo usado no fueron contempladas.

Resultados y Discusión

En la Figura 3 se muestra la pantalla de inicio de sesión, donde se deberá ingresar un nombre de usuario y contraseña registrados previamente para así poder acceder al sistema.

Figura 3. *Pantalla de inicio de sesión.*

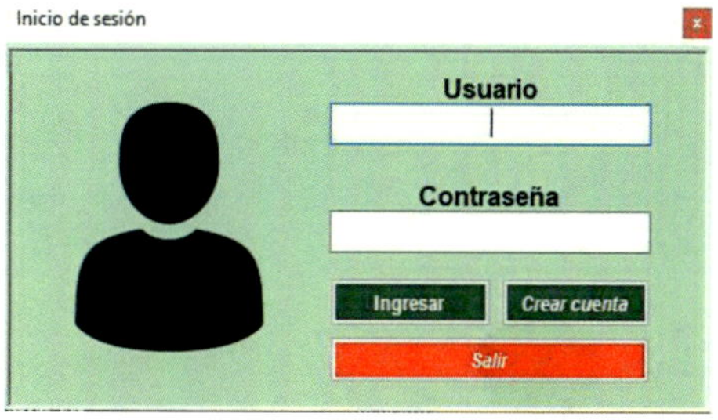

En la pantalla de inicio (Figura 4) se encontrarán múltiples apartados, entre los cuales: Trámites es el principal, ya que permitirá el registro de nuevos títulos de propiedad en lotes de cementerios, al seleccionar este se desplegará un submenú en el que se mostrarán las diferentes opciones para registrar un nuevo título siendo estas: Compra, Donación y Cesión.

Si bien Compra y Donación son diferentes trámites para obtener títulos de propiedad en lotes, los datos rcqucridos para rcgistrarlos son parccidos, por lo quc las pantallas dc cstos dos son similarcs (Figuras 5), estas se dividen en tres secciones donde se deben ingresar los datos correspondientes, en la primera es información de la persona que será propietaria, la siguiente, datos concernientes al título y por último otros datos como la fecha y la posibilidad de agregar otro propietario en conjunto al mismo título, de igual forma se puede previsualizar el documento PDF generado del título nuevo.

Figura 5. *Pantalla de Compra y Donación.*

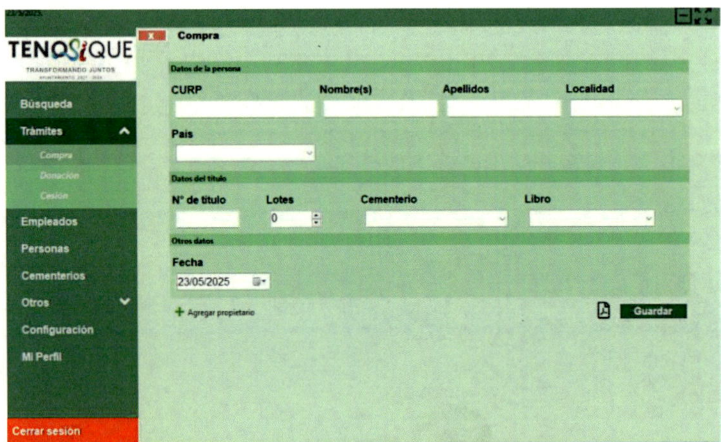

La pantalla de Cesión (Figura 6) permite que un propietario ceda completa o parcialmente un número de lotes de su título a un cesionario, para esto se necesitan saber los datos del título cedente y de su actual propietario, además de los del nuevo propietario y otros como lo es la fecha o la posibilidad de registrar otro o más propietarios en conjunto para el nuevo título generado a partir de los lotes cedidos, esta pantalla también permite la opción de previsualizar el documento PDF del título antes mencionado.

Figura 6. *Pantalla de Cesión.*

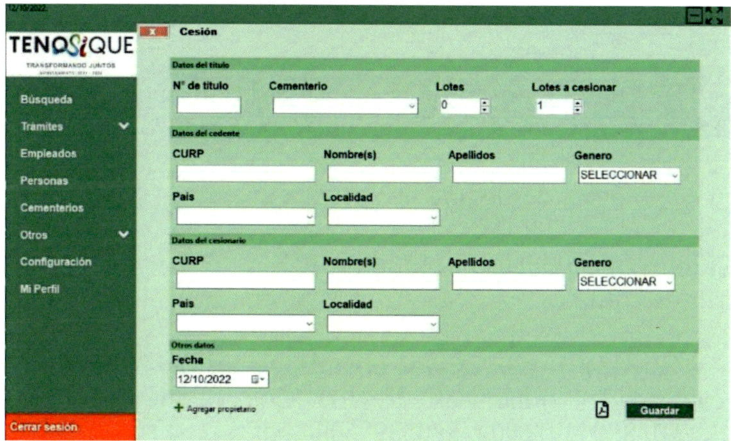

Se espera que los resultados de esta propuesta conlleven a beneficios tales como los que pudo obtener Alarcón (2019), entre estos destacan una mejor organización, gracias a una base de datos centralizada y accesible para la administración. Además, demostró que el sistema aceleró la toma de decisiones, sobre todo en la gestión de espacios para tumbas, mejorando la eficiencia del servicio público.

Por otro lado, Rivera *et al.* (2019) demostraron que los sistemas digitales optimizan notablemente la generación de informes al sustituir procesos manuales en archivos físicos por métodos automatizados. Entre sus principales hallazgos, resaltaron que este enfoque agiliza la recuperación y selección de datos, eliminando pasos innecesarios y reduciendo tiempos de ejecución.

Asimismo, Sandoval y Toledo (2008) concluyeron que la digitalización acelera la creación de reportes, como se observó en su investigación. Destacaron que, al prescindir de documentos físicos, los usuarios acceden a la información de forma más eficiente, filtrando solo lo necesario y reduciendo errores asociados al procesamiento manual.

Conclusión

El diseño de un sistema de información para la emisión de títulos permitió concluir que, en el Registro Civil de Tenosique, Tabasco, existe la posibilidad de significativas mejoras en sus procesos y métodos, particularmente en la gestión de títulos de cementerios, donde la presencia de un sistema de información especializado solucionaría retrasos operativos y errores en los procesos tanto para realizar como para almacenar estos trámites. Asimismo, mediante los resultados, se evidencia positivamente un impacto en la calidad y optimización de los servicios, beneficiando tanto a los ciudadanos que requieren de estos como a los servidores públicos que se encargan de tramitarlos.

Referencias

Alarcón Jiménez, J. D. (2019). Sistema de información catastral para la gestión del cementerio municipal de la ciudad de Puyo mediante la utilización de software libre. [Tesis de Ingeniería en Sistemas e Informática, Universidad Regional Autónoma de los Andes]. Repositorio Digital UNIANDES. https://dspace.uniandes.edu.ec/bitstream/123456789/9728/1/PIUPSIS0002-2019.pdf

Ávila Barrios, D. (2014). El uso de las TIC's en el entorno de la nueva gestión pública mexicana. Revista Andamios, 11(24), 263-288. https://www.redalyc.org/pdf/628/62832750013.pdf

Benavides, O.A. (2004). La innovación tecnológica desde una perspectiva evolutiva. Cuadernos de Economía, 23(41), 49-70. http://www.scielo.org.co/scielo.php?script=sci_abstract&pid=S0121-47722004000200003&lng=en&nrm=is&tlng=es

Boscán de Pacheco, G., Fernández, J. y Guédez, J. (2017). Las organizaciones públicas desde las perspectivas institucionales y capacidades dinámicas. Revista Compendium, 20(39), e. https://www.redalyc.org/journal/880/88053976004/88053976004.pdf

Buil, M. y Rocafort, N. (2016). Emprendimiento y supervivencia empresarial en época de crisis: El caso de Barcelona. Revista Intangible Capital, 12(1), 95-120. https://www.redalyc.org/pdf/549/54943657005.pdf

Chávez Ángeles, M. y Sánchez Medina, P.S. (2013). Las tecnologías de la información y la comunicación (TIC) como recurso común: coordinación, competencia y brecha digital en ocho municipios de Oaxaca. Revista Gestión y Política Pública, XXII (No. Especial), 137-170. https://www.scielo.org.mx/scielo.php?pid=S1405-10792013000400005&script=sci_abstract

Criado, J.I. y Gil García, J.R. (2013). Gobierno electrónico, gestión y políticas públicas: Estado actual y tendencias futuras en América Latina. Revista Gestión y Política Pública, 3-48. https://www.redalyc.org/pdf/133/13331692001.pdf

ERwin Data Modeler. (2024). Data modeling and database design software. Recuperado el 14 de abril de 2024, de https://www.erwin.com/products/erwin-data-modeler/

Farrera Bravo, G. y Martínez Salinas, D. (2016). TIC: Globalización y política pública en el Estado contemporáneo. Instituto de Investigaciones Jurídicas. [1ra. Edición, pp. 139-160]. UNAM. https://archivos.juridicas.unam.mx/www/bjv/libros/9/4065/10.pdf

Fleitman, J. (2000). La importancia de los sistemas de información y control en la empresa. Negocio exitoso: cómo empezar, administrar y operar eficientemente un negocio. [1ra. Edición, pp. 82-122]. McGraw-Hill. https://cursa.ihmc.us/rid=1NS6XX71W-29LN31F-254J/LA%20IMPORTANCIA%20DE%20LOS%20SISTEMAS%20DE%20INFORMACI%C3%93N%20Y.pdf

García Peña, J.E. (2021). Tecnologías de la información y la comunicación y emprendimiento. Revista de Treball, Economia I Societat, 103, 1-14. https://www.ces.gva.es/sites/default/files/2021-10/6%20Las%20TIC%20y%20el%20Emprendimiento.pdf

Kantis, H. y Angelelli, P. (2020). Emprendimientos de base científico-tecnológica en América Latina: Importancia, desafíos y recomendaciones para el futuro. [1ra. Edición, pp. 1-2]. Banco Interamericano de Desarrollo. http://dx.doi.org/10.18235/0002156

Lara Martínez, M.A., Pina Martínez, V. y Torres Pradas, L. (2013). El gobierno electrónico y la rendición de cuentas en la administración regional y estatal: An International Comparison. Revista Gestión y Política Pública, 22(No. Especial), 105-135. https://www.scielo.org.mx/scielo.php?pid=S1405-10792013000400004&script=sci_abstract

Lozada Almendariz, F.E., Cedeño Coya, J.Y., Chinga Muentes, E.I. y Miranda Flores de Valgas, T.X. (2021). Factores que motivan el emprendimiento: Nuevas tecnologías para dinamizar una economía social. Revista de Ciencias Humanísticas y Sociales (ReHuso), 6(1), e2021. https://www.redalyc.org/journal/6731/673171218007/673171218007.pdf

Marulanda, F., Montoya, I. y Vélez, J. (2013). Aportes teóricos y empíricos al estudio del emprendedor. Revista Científica Pensamiento y Gestión, 36, 45-56. http://www.scielo.org.co/pdf/cuadm/v30n51/v30n51a10.pdf

Microsoft. (2022). SQL Server documentation. Microsoft Learn. https://docs.microsoft.com/en-us/sql/sql-server/?view=sql-server-ver16

Microsoft. (2023). Visual Basic documentation. Microsoft Learn. https://learn.microsoft.com/en-us/dotnet/visual-basic/

Microsoft. (2023). Visual Studio IDE. Visual Studio Documentation. https://learn.microsoft.com/en-us/visualstudio/

Morales, J., Bustamante, Á., Vargas, S., Pérez, N. y Sereno, Ó. (2015). Factores de éxito emprendedor en dos municipios de la montaña de Guerrero, México. Revista Nova Scientia, 7(15), 416-435. https://www.redalyc.org/pdf/2033/203342741023.pdf

Pérez, D. y Dressler, M. (2007). Tecnologías de la información para la gestión del conocimiento. Revista Intangible Capital, 3(15), 31-59. https://www.redalyc.org/pdf/549/54930103.pdf

Pressman, R. S. (2010). Ingeniería del software: Un enfoque práctico (7th ed.). McGraw-Hill Education.

Rivera Cornejo, J. A. y Dimas Ventura, J. S. y Chanchilla Paz, J. J. (2019). Sistema de catastro para la alcaldía de Cuscatancingo. [Trabajo de grado, Universidad Tecnológica de El Salvador]. Sistema Bibliotecario Utec. https://cia.uagraria.edu.ec/Archivos/CASTRO%20PACHECO%20DORCA%20ELIZABETH.pdf

Rivera Urrutia, E. (2006). Concepto y problemas de la construcción del gobierno electrónico: una revisión de la literatura. Revista Gestión y Política Pública, XV(2), 259-305. https://www.redalyc.org/pdf/133/13315202.pdf

Ruiz, M., Sanz, I. y Fuentes, M. (2015). Alerta emprendedora y conocimiento previo para la identificación de oportunidades emprendedoras: El papel moderador de las redes sociales. Revista Investigaciones Europeas de Dirección y Economía de la Empresa, 21, 47-54. https://www.sciencedirect.com/science/article/pii/S1135252314000409

Sandoval Torres, C. A. y Toledo López, J. (2008). Diseño del sistema de información de gestión de panteones bajo la norma ISO 9001. [Trabajo de grado, Instituto Politécnico Nacional]. https://tesis.ipn.mx/bitstream/handle/123456789/2872/IF7.69.pdf?sequence=1&isAllowed=y

Sour Vargas, L. (2007). Evaluando al gobierno electrónico: Avances en la transparencia de las finanzas públicas estatales. Revista Economía, Sociedad y Territorio, VI(23), 613-654. https://www.redalyc.org/pdf/111/11102303.pdf

Vargas Encalada, E.E., Rengifo Lozano, R.A., Guizado Oscco, F. y Sánchez Aguirre, F.M. (2019). Sistemas de información como herramienta para reorganizar procesos de manufactura. Revista Venezolana de Gerencia, 24(85), e. https://www.redalyc.org/journal/290/29058864015/html/

Zamora, C. (2017). La importancia del emprendimiento en la economía: el caso de Ecuador. Revista Espacios, 39(7), 15-23. https://www.revistaespacios.com/a18v39n07/a18v39n07p15.pdf

Capítulo 2.

Sitio web como herramienta tecnológica para mejorar la funcionalidad de una rosticería

Brenda Berenis Torres Chan[1], *Alejandro Alpuche Palma*[2], *Heradia Pascual Cornelio*[3], *Jorge Víctor Hugo Mendiola Campuzano*[4] *(*btorreschan19@gmail.com).*

Resumen

El capítulo presenta el desarrollo de un sitio web como solución tecnológica para mejorar la operatividad de la rosticería "El Pollazo II" en Tenosique, Tabasco, México. Este negocio, caracterizado por una gestión manual de procesos como compras, inventarios y ventas, enfrentaba limitaciones en eficiencia, control y toma de decisiones. Para resolverlo, se propuso el diseño de una página web que automatizara dichas tareas y centralizara la información clave.

Utilizando la metodología ágil Scrum, el proyecto se llevó a cabo en varias fases: análisis del sistema existente, modelado de datos con Erwin Data Modeler, desarrollo del sitio web mediante Webador, diseño de interfaz y validación funcional con el usuario. El sistema resultante permite el control de proveedores, productos, inventarios, ventas y personal, todo desde una interfaz intuitiva y accesible.

Los resultados mostraron una mejora en la eficiencia operativa, reducción de errores humanos y mayor agilidad en la toma de decisiones. Además, se destacó la adaptación del sistema a las necesidades específicas del negocio, así como su potencial para ser replicado en otras microempresas del sector gastronómico.

Esta experiencia evidencia cómo la incorporación de herramientas tecnológicas puede marcar una diferencia significativa en la competitividad de pequeñas empresas locales.

Palabras clave: sitio web, rosticería, automatización, scrum, gestión empresarial.

---

[1] Autora principal: [1] btorreschan19@gmail.com. https://orcid.org/0009-0001-5647-2854, División Académica Multidisciplinaria de los Ríos de la Universidad Juárez Autónoma de Tabasco, Tenosique, Tabasco, México.

[2] alejandro.alpuche@ujat.mx. https://orcid.org/0000-0003-2447-0966. División Académica Multidisciplinaria de los Ríos de la Universidad Juárez Autónoma de Tabasco, Tenosique, Tabasco, México.

[3] heradia@hotmail.com. https://orcid.org/0000-0003-1624-0685. División Académica Multidisciplinaria de los Ríos de la Universidad Juárez Autónoma de Tabasco, Tenosique, Tabasco, México.

[4] jorge.mendiola@ujat.mx. https://orcid.org/0000-0001-8043-0315. División Académica Multidisciplinaria de los Ríos de la Universidad Juárez Autónoma de Tabasco, Tenosique, Tabasco, México.

Abstract

This chapter presents the development of a website as a technological solution to improve the operations of the "El Pollazo II" rotisserie in Tenosique, Tabasco, Mexico. This business, characterized by manual management of processes such as purchasing, inventory, and sales, faced limitations in efficiency, control, and decision-making. To address this, the design of a website was proposed to automate these tasks and centralize key information.

Using the agile Scrum methodology, the project was carried out in several phases: analysis of the existing system, data modeling with Erwin Data Modeler, website development using Webador, interface design, and functional validation with the user. The resulting system allows for controlling suppliers, products, inventory, sales, and personnel, all from an intuitive and accessible interface.

The results showed improved operational efficiency, reduced human error, and greater agility in decision-making. Furthermore, the system's adaptation to the business's specific needs was highlighted, as was its potential for replication in other microenterprises in the gastronomy sector.

This experience demonstrates how the incorporation of technological tools can make a significant difference in the competitiveness of small local businesses.

Keywords: website, rotisserie, automation, scrum, business management.

Introducción

En la actualidad, a nivel mundial, la información que es analizada, almacenada, transmitida, reutilizada y compartida hace posible la generación de nuevos conocimientos; históricamente, la humanidad ha empleado la comunicación como un medio que le permite entenderse y transmitir información con los demás. Así, la información representa un factor primordial en toda organización, ya que la vincula dentro de su contexto y facilita la operatividad y funcionalidad hacia su interior, y, consecuentemente, la información es gestionada y reconocida como otro recurso de gran valía para la propia organización, por lo que un sistema de gestión de la información debe establecer el aseguramiento de la información en todos los niveles, a fin de tomar decisiones seguras, mediante la cantidad y calidad adecuada de la información interna y externa que sea proporcionada (Pacheco y Rodríguez, 2019; Cataldo *et al.*, 2019; Barragán, 2022).

Así, el mundo viene experimentando cambios acelerados en todas las actividades realizadas por la humanidad, por lo que es necesario para la competitividad empresarial, la modernización de sus procesos, la adquisición de equipos y maquinarias de vanguardia, un sistema financiero saludable y, sobre todo, el capital humano e intelectual, ya que representan el elemento clave en la organización, por lo que debe tener la capacidad de adaptarse rápidamente a los cambios tecnológicos y con ello, modificar y adecuar el cambio social y cultural del momento (Gándara *et al.*, 2007; Manso, 2008; Navarro *et al.*, 2013).

Debido a las nuevas demandas en el contexto organizacional, como las respuestas más confiables y rápidas, los Sistemas de Información suelen representar cada vez más, herramientas elementales para las organizaciones; no obstante, es indispensable la observación y el análisis de los beneficios, la estrategia de negocios mediante el Sistemas de Información que posibilite y soporte la información requerida (González *et al.*, 2020; Veloz, 2022; Olarte *et al.*, 2023). Molina *et al.* (2018) aseguran que, gracias al crecimiento de la tecnología, en la actualidad, las organizaciones tienen la necesidad de sistematizar sus procesos, con el propósito de mejorar su operatividad y control de las actividades realizadas y así conseguir un Sistema de Información más rápido, ágil y eficaz.

Cabe destacar que debido a los grandes cambios que se vienen presentando en la sociedad a nivel mundial, las nuevas tecnologías de la información y comunicación impactan de forma notable en los modelos de gestión empresarial a través del internet y con ello, se viene adoptando y modificando significativamente, la forma en que las personas utilizan estas nuevas tecnologías de la información y comunicación, representando un medio de comunicación que genera una nueva perspectiva referente a la fluidez entre el emisor-canal-receptor, por lo que el usuario adquiere un papel protagónico por su interactividad; así, los sitios Web, son un nuevo medio de comunicación empleado por las organizaciones y la propia sociedad, ya que proporcionan beneficios, debido a que las empresas pueden desarrollar conversaciones multidireccionales con sus clientes, quienes se convierten en los principales actores en los procesos de comunicación, así como en la creación de contenidos (Marín y Lasso de la Vega, 2017; Gómez *et al.*, 2018; Karolys *et al.*, 2024).

En la actualidad, muchas pequeñas y medianas empresas enfrentan el desafío de gestionar de manera eficiente su operatividad, desde aquellas que se realizan para la adquisición de insumos, inventarios, control de personal, producción y comercialización; sin embargo, debido a la ausencia de sistemas tecnológicos adecuados, las empresas realizan de manera deficiente estas actividades (Gómez *et al.*, 2018).

Ante este panorama, surge la necesidad de implementar emprendimientos de base tecnológica que faciliten las acciones realizadas en los negocios, por lo que el desarrollo de páginas Web que faciliten su acceso desde cualquier equipo de cómputo con conexión a internet u operando con intranet, permite la automatización de los procesos, conserva la información, detalla el inventario y registra las ventas, con la finalidad de mejorar su operatividad y generar información actualizada y precisa para la toma de decisiones, así como la facilitación de la interacción y consulta tanto para el personal administrativo, operativo y los clientes.

Existen diversas experiencias en donde se han propuesto diversos emprendimientos tecnológicos que permitan mejorar la operatividad y funcionalidad de pequeños, medianos y grandes negocios.

Por ejemplo, Burgos (2015) propuso un sistema Web para la gestión de pedidos en un restaurante, empleando la metodología XP y Scrum, realizado en cuatro fases: planificación, diseño, codificación y de pruebas, obteniendo la funcionalidad del sistema, la reducción de errores y el mejoramiento de la calidad, además de que los usuarios manifestaron que el sistema es muy fácil de utilizar.

Ramos (2015) desarrolló una aplicación Web para su empleo en la gestión de restaurantes, a fin de crear cuentas personalizadas de los establecimientos, con el propósito de que esta aplicación sea el medio para que los clientes puedan buscar el sitio ideal para ir a disfrutar de su comida, de una manera rápida y eficaz, obteniendo la información oportuna a través de la misma página Web.

Rodríguez y Gutiérrez (2020) desarrollaron un portal Web para un restaurante, con la finalidad de automatizar las actividades y procesos, contando para ello con módulos para el control de usuarios, productos, pedidos, clientes, compras y facturas, siendo toda esta información necesaria para conocer las preferencias de los clientes y con ello, mejorar el servicio proporcionado, así como determinar el desarrollo del establecimiento en un lapso específico de tiempo.

Marcos (2021) desarrolló un sistema Web para el control de inventarios para un restaurante de comida rápida, utilizando la metodología a Scrum, para desarrollar ocho interacciones en la estructura y arquitectura del proyecto con un módulo de administración, inventarios y reportes, por lo que, al finalizar, se obtuvo un sistema Web que optimiza la administración y el control del inventario, ya que permite la gestión automatizada de los procesos.

En el presente documento se propuso el desarrollo de un sitio Web para la aplicación del control de la operatividad en los diversos procesos que se realizan y pueda almacenar la información oportuna de inventarios, estadísticos y venta de productos de la rosticería "El Pollazo II", ubicada en la ciudad de Tenosique de Pino Suárez, Tabasco; México, ya que estos procesos son realizados de formas manuales, lo cual dificulta la administración y operatividad de cada uno de sus procesos, además de limitar la capacidad de respuesta ante la demanda y disponibilidad de sus productos ofertados hacia su clientela.

Actualmente, este establecimiento comercializa pollos asados y rostizados, guarniciones, refrescos, así como aguas naturales; estos productos permiten que muchas personas sean cautivadas para consumir estos productos; sin embargo, cuenta con un reducido equipo de personal, quienes son los responsables de realizar diversas tareas administrativas y operativas.

A diario, se efectúan las compras de insumos a distintos proveedores, lo que implica procesos logísticos complejos, como la adquisición de 400 pollos en promedio y de otros productos perecederos, sin un mecanismo tecnológico que les permita centralizar los procesos para optimizar su funcionalidad, a fin de contar con un panorama en tiempo real, sobre todo en el estado de inventarios y ventas. Además, el registro y la emisión de tiques de compra se efectúan de forma manual o mediante software limitado, lo que genera ineficiencias y posibles errores en la información registrada.

El sitio web que se propone aborda desde la percepción de los productos por parte de los clientes, las gestiones administrativas (agenda de proveedores y clientes, inventarios, estadísticas, tendencias, etc.), operatividad productiva y de servicio, así como el registro de ventas, proporcionando una plataforma de consulta accesible y segura para administradores, clientes y otros usuarios autorizados. Con esta propuesta, se busca optimizar los procesos internos del negocio; se mejora la toma de decisiones mediante la disponibilidad de la información generada.

El diseño de este sitio web contempla un sistema de información integral que cubra todas las necesidades del local de comida, mediante una interfaz amigable, la construcción de bases de datos robustas para el almacenamiento de información, así como la recopilación de datos operativos proporcionados por los empleados y administradores, con el fin de adaptar el sistema a las necesidades reales del negocio. Con esta propuesta, no solo se busca optimizar la eficiencia operativa de "El Pollazo II", sino que también representa una contribución para el desarrollo de emprendimientos tecnológico en pequeñas empresas, particularmente en el sector gastronómico, proporcionando una herramienta que logre una administración más puntual y rápida, lo cual se traduzca en una mayor calidad en el servicio proporcionado al cliente, así como para la toma de decisiones estratégicas.

Materiales y Métodos

Como menciona Martins (2025): Scrum es un marco ágil que permite abordar problemas complejos y entregar productos de forma eficiente, creativa y con alto valor. Fomenta la colaboración en los equipos y facilita la realización de trabajos de gran impacto.

Se eligió la metodología Scrum ya que es una metodología ágil que tiene como objetivo optimizar la ejecución de proyectos. A través de esta estrategia, es posible organizar mejor los equipos y fragmentar las tareas en demandas granulares para hacer que el proceso sea más eficiente.
Para este proyecto se utilizó la metodología Scrum que se basa en las siguientes fases:

Etapa 1: Inestabilidad
En esta etapa se realizó un análisis y se recaudó información acerca del software que se utiliza en el establecimiento y se hicieron unas preguntas sobre lo que actualmente hace el software y en qué podría mejorar.

Etapa 2: Organización autónoma de los equipos
Se determinó la funcionalidad del establecimiento y mediante la información recaudada se desarrolló en el software Erwin Data Modeler el modelo relacional de cómo funciona la empresa.

Etapa 3: Fases de desarrollo simultáneas
Se crearon las tablas en el software para así mismo tener el modelo relacional, seguidamente mediante el software webador se creó el sitio web y de tal manera se logró visualizar el diseño de la página web. Se desarrolló y diseñó la interfaz, menú, colores, tipo de letra, tamaño, imágenes, etc.

Etapa 4: Aprendizaje múltiple
Se interactuó con la página para que todo estuviese en orden.

Etapa 5: Control sutil
Se trabajó adecuadamente acerca de la página de acuerdo con las necesidades del cliente y de cómo funciona la empresa. Seguidamente se les informó el problema y sobre las herramientas con las que

pueden trabajar, pero sin establecer un procedimiento específico; así lograr que cada personal se organice de forma autónoma.

Etapa 6: Transmisión organizacional del aprendizaje
Finalmente, en esta última etapa se realizaron pruebas para saber si la página no tuviese errores y, sobre todo, que al cliente se le facilitara el uso de esta.

Resultados y Discusión

A continuación, se muestran los resultados de la propuesta de la página web para el control de las ventas de la pollería "El Pollazo II".

Figura 1. *Inicio.*

Figura 2. *Servicios.*

Figura 3. *Acerca de nosotros*

Figura 4. *Contacto.*

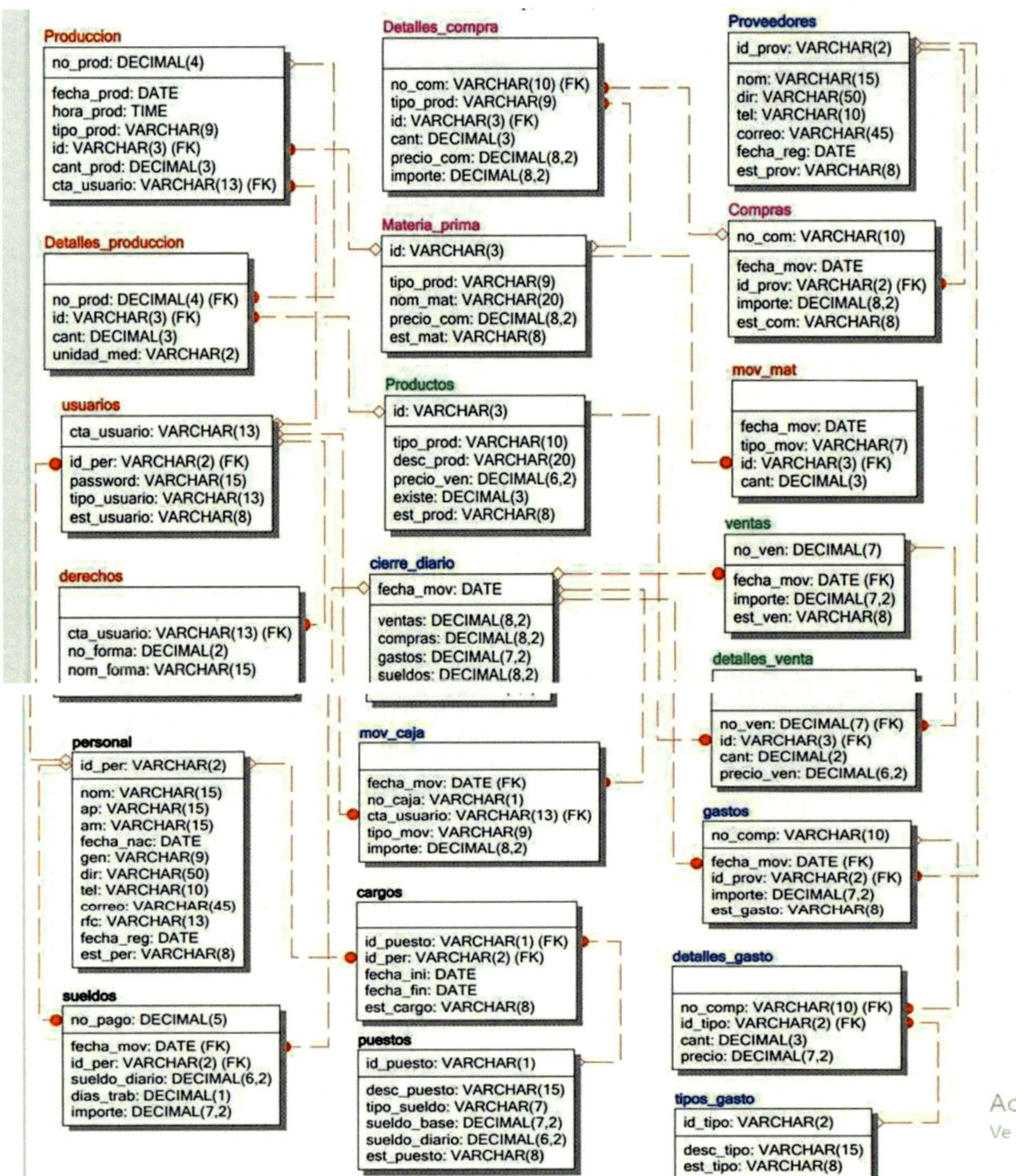

La propuesta de una página web para el control de ventas de la pollería "El Pollazo II" permitió analizar y enfrentar diversos retos propios de las microempresas que aún dependen de procesos manuales. Uno de los principales hallazgos fue la existencia de una fuerte dependencia de registros físicos o herramientas digitales limitadas, lo que generaba ineficiencias, errores en los datos y falta de información oportuna para la toma de decisiones.

La implementación del modelo relacional mediante el software Erwin Data Modeler y la creación del sitio web con Webador permitió representar visualmente y estructurar de manera lógica los procesos internos del negocio. La metodología Scrum fue clave en el avance del proyecto, ya que facilitó la división de tareas en etapas iterativas y colaborativas, permitiendo una adaptación ágil a las necesidades reales del cliente. Además, el desarrollo de una interfaz intuitiva y accesible fue bien recibido por los usuarios, quienes manifestaron que la herramienta les resultaba sencilla de usar y que mejoraba el acceso a información crítica.

Comparado con otros proyectos similares, como los de Marcos (2021) y Burgos (2015), el sistema desarrollado comparte beneficios importantes: automatización del inventario, gestión eficiente de las ventas y reducción de errores humanos. Sin embargo, se destaca en este caso la atención personalizada a los procesos específicos de la pollería y la integración de los usuarios en el proceso de aprendizaje, permitiendo una mayor apropiación de la herramienta tecnológica.

En general, los resultados obtenidos validan la hipótesis inicial de que una herramienta web adaptada a las necesidades del negocio puede mejorar significativamente la eficiencia operativa y fortalecer la competitividad de pequeñas empresas del sector gastronómico. No obstante, es importante considerar que, para una implementación completa, será necesario continuar con pruebas a largo plazo y asegurar soporte técnico constante para garantizar la sostenibilidad del sistema.

Conclusión

El desarrollo de la propuesta de una página web para el control de ventas de la pollería "El Pollazo II" permitió evidenciar la importancia de implementar herramientas tecnológicas en pequeñas y medianas empresas para optimizar sus procesos internos. A través de la metodología ágil Scrum, se logró estructurar y llevar a cabo un prototipo funcional que facilita el seguimiento de inventarios, el registro automatizado de ventas y la toma de decisiones basada en datos precisos y actualizados.

El sistema propuesto responde a las necesidades reales del negocio, permitiendo una mejor organización, reducción de errores y una interfaz intuitiva que facilita su uso tanto por el personal administrativo como por los clientes. Asimismo, se mejoró significativamente el tiempo de respuesta en las operaciones y se sentaron las bases para una futura escalabilidad del sistema.

En conclusión, esta propuesta representa un paso importante hacia la digitalización de los procesos de la pollería, fomentando la eficiencia operativa y contribuyendo al desarrollo tecnológico del sector gastronómico local. La implementación de este tipo de soluciones puede marcar la diferencia en la competitividad de los negocios frente a los retos del mercado actual.

Referencias

Barragán, X. (2022). Posmodernidad, gestión pública y tecnologías de la información y la comunicación en la Administración pública de Ecuador. *Estado & Comunes, Revista de Políticas y Problemas Públicos*, 1(14), 113-131. https://10.37228/estado_comunes.v1.n14.2022.244

Burgos Cando, C.X. (2015). Desarrollo de un sistema web para la gestión de pedidos en un restaurante. Aplicación a un caso de estudio. [Tesis de Pregrado, Facultad de Ingeniería de Sistemas de la Escuela Politécnica Nacional, Quito, Ecuador]. Repositorio EPN. https://bibdigital.epn.edu.ec/bitstream/15000/10337/3/CD-6157.pdf

Cataldo, A., Pino, G. y McQueen, R. (2019). El tamaño importa: el impacto de las combinaciones de activos TIC en el desempeño de las micro, pequeñas y medianas empresas chilenas. *Revista*

Tecnología de la Información para el Desarrollo, 26(2), 292-315. https://10.1080/02681102.2019.1684870

Gándara, J., Mathison, L., Primera, C. y García, L. (2007). Efectos de las TIC en las nuevas estructuras organizativas: de la gerencia vertical a la empresa horizontal. *Revista NEGOTIUM / Ciencias Gerenciales*, 4–29. http://www.revistanegotium.org.ve/pdf/8/Art1.pdf

Gómez Navarro, D.A., Alvarado López, R.A., Martínez Domínguez, M. y Díaz de León Castañeda, C. (2018). La brecha digital: una revisión conceptual y aportaciones metodológicas para su estudio en México. Revista *Entreciencias: Diálogos en la Sociedad del Conocimiento*, 6(16), 49-64, https://www.redalyc.org/jatsRepo/4576/457654930005/html/index.html

González, A., Machado, J., Talavera, M. y Sevilla, A. (2020). Influencia de las TIC en el proceso administrativo. *Revista Científica de FAREM-Estelí*, (33), 52-63. http://10.5377/farem.v0i33.9608

Karolys Cobo, J.A., Karolys Cobo, D., Vasco Amores, G.A. y Pazuña Naranjo, W.P. (2024). La influencia de la tecnología en la administración de empresas modernas. *Revista Científica Multidisciplinar G-Nerando*, 5(1), 1047-1056. |https://doi.org/10.60100/rcmg.v5i1.239

Manso Rodríguez, R.A. (2008). Referencia virtual: Un enfoque desde las dimensiones asociadas a la gestión de información. *Revista Ciencias de la Información*, 39(2), 59-68. https://www.redalyc.org/pdf/1814/181421632006.pdf

Marcos Centeno, J.L. (2021). Desarrollo de un sistema web para el control de inventarios para el restaurante de comidas rápidas "El Bro". [Tesis de Pregrado, Universidad Politécnica Salesiana, Sede Guayaquil, Ecuador]. Repositorio UPS. https://dspace.ups.edu.ec/bitstream/123456789/20965/1/UPS-GT003400.pdf

Marín Dueñas, P.P. y Lasso de la Vega González, M.C. (2017). La efectividad de las páginas web en la comunicación empresarial de las pequeñas y medianas empresas. Un estudio en pymes de la provincia de Cádiz. *ZER: Revista de Estudios de Comunicación*, 22(42), 53-71. https://ojs.ehu.eus/index.php/Zer/article/view/17797/15465

Molina Ríos, J.R., Zea Ordóñez, M.P., Contento Segarra, M.J. y García Zerda, F.G. (2018). Comparación de metodologías en aplicaciones web. *Revista Electrónica 3C Tecnología: Glosas de Innovación Aplicadas a la Pyme*, 7(1), 1-19. https://3ciencias.com/wp-content/uploads/2018/03/art1.pdf

Navarro Cadavid, A., Fernández Martínez, J.D. y Morales Vélez, J. (2013). Revisión de metodologías ágiles para el desarrollo de software. *Revista Prospectiva*, 11(2), 30-39. https://www.redalyc.org/pdf/4962/496250736004.pdf

Olarte Pacco, M.A.D., Flores Mayta, D.J., Ríos Vera, K.J. Quispe Ambrocio, A.D. y Seguil Ormeño, N.A. (2023). Tecnologías de la Información y Comunicación (TIC) en la gestión empresarial: Un análisis cienciométrico. *Revista Comuni@cción*, 14(4), 388-400. https://www.redalyc.org/journal/4498/449877648009/html/

Pacheco, D. y Rodríguez, R. (2019). Las TIC como estrategia competitiva en la gestión empresarial. *Revista de Investigación en Ciencias de la Administración ENFOQUES*, 3(12), 286-298. https://www.redalyc.org/journal/6219/621968062004/html/

Ramos Otero, M. (2015). Desarrollo de una aplicación web para la gestión de restaurantes. [Tesis de Pregrado, Universidad Politécnica de Madrid, España]. Repositorio UPM. https://oa.upm.es/39946/10/TFG_Melanie_Ramos_Otero.pdf

Rodríguez Kook, A.F. y Gutiérrez Garzón, L.A. (2020). Sistema portal web para la gestión del restaurante "La Chatarrería Comidas". [Tesis de Pregrado, Facultad de Ingenierías, Universitaria Agustiniana, Bogotá, Colombia]. Repositorio UNIAGUSTINIANA. https://backend.uniagustiniana.edu.co/server/api/core/bitstreams/adee08ff-4de6-4484-a13d-4a8260e084d9/content

Veloz Segura, E.A. (2022). Componentes de calidad software y su utilización en aplicaciones WEB. *Ciencia Latina: Revista Científica Multidisciplinar*, 6(3), 3193-3204. https://doi.org/10.37811/cl_rcm.v6i3.2456

Capítulo 3

Propuesta de diseño de una plataforma web para la difusión y venta de miel en el colectivo Cana'an Xu'x

*Jared Barahona García[1], Erika Guadalupe Ceballos Falcón[2], Heradia Pascual Cornelio[3], Jorge Víctor Hugo Mendiola Campuzano[4], Alejandro Alpuche Palma[5] (*jared_18_00@hotmail.com).*

Resumen

Este capítulo presenta la propuesta de diseño de una plataforma web para el Colectivo Cana'an Xu'x, organización apícola ubicada en la región del Cañón del Usumacinta, en Tabasco, México. El objetivo principal del proyecto es facilitar la difusión y comercialización de productos derivados de la miel, así como promover la conciencia ambiental sobre la importancia de las abejas. La propuesta se desarrolló bajo la metodología en cascada, abordando las fases de análisis de requerimientos, recopilación de materiales y diseño del prototipo. El sitio web fue diseñado en la plataforma Wix, incluyendo secciones clave como catálogo de productos, información institucional y formularios de contacto. Aunque la plataforma aún se encuentra en fase de prototipo, establece una base funcional sólida que puede ser implementada y mejorada en futuras etapas. Entre las actualizaciones previstas se encuentran la integración de funciones automatizadas de compra, la implementación de bases de datos relacionales y la ampliación de recursos educativos para los usuarios. Este proyecto representa una oportunidad para que iniciativas rurales accedan a herramientas tecnológicas y consoliden su presencia digital, al tiempo que fortalecen su impacto comercial y ecológico.

Palabras clave: Apicultura, prototipo web, comercialización digital, educación ambiental, sostenibilidad rural.

---

[1] Autor principal: jared_1800@hotmail.com. https://orcid.org/0009-0001-0462-7033. División Académica Multidisciplinaria de los Ríos de la Universidad Juárez Autónoma de Tabasco, Tenosique, Tabasco, México.

[2] erika.ceballos@ujat.mx. https://orcid.org/0009-0003-4651-9713 División Académica Multidisciplinaria de los Ríos de la Universidad Juárez Autónoma de Tabasco, Tenosique, Tabasco, México.

[3] heradia@hotmail.com. https://orcid.org/0000-0003-1624-0685. División Académica Multidisciplinaria de los Ríos de la Universidad Juárez Autónoma de Tabasco, Tenosique, Tabasco, México.

[4] jorge.mendiola@ujat.mx. https://orcid.org/0000-0001-8043-0315. División Académica Multidisciplinaria de los Ríos de la Universidad Juárez Autónoma de Tabasco, Tenosique, Tabasco, México.

[5] Autor de correspondencia: alejandro.alpuche@ujat.mx. https://orcid.org/0000-0003-2447-0966. División Académica Multidisciplinaria de los Ríos de la Universidad Juárez Autónoma de Tabasco, Tenosique, Tabasco, México.

Abstract

This chapter presents the design proposal for a web platform of the Cana'an Xu'x Collective, an apicultural organization based in the Usumacinta Canyon region of Tabasco, Mexico. The primary objective of the project is to facilitate the dissemination and commercialization of honey-derived products, while also promoting environmental awareness about the importance of bees. The proposal was developed using the waterfall methodology, covering the phases of requirements analysis, material collection, and prototype design. The website was created using the Wix platform and includes key sections such as a product catalog, institutional information, and contact forms. Although the platform is still in its prototype phase, it establishes a solid functional foundation that can be implemented and improved in future stages. Planned updates include the integration of automated purchasing features, implementation of relational databases, and the expansion of educational resources for users. This project represents an opportunity for rural initiatives to access technological tools and strengthen their digital presence, while also enhancing their commercial and ecological impact.

Keywords: Beekeeping, web prototype, digital marketing, environmental education, rural sustainability

Introducción

En la actualidad, es indudable que el empleo de Internet y las Tecnologías de la Información son transcendentales en diversas situaciones de la vida cotidiana de las personas. Durante los últimos años, la humanidad ha transformado la estructura de la comunicación, debido a la creciente necesidad de la sociedad para comunicarse de forma efectiva y más rápida, lo cual es posible mediante la creación y aplicación de tecnologías a gran escala, lo cual ha hecho posible la apertura de una buena cantidad de opciones innovadoras para los usuarios que conforman la nueva era digital y así, facilitar la libre expresión y el intercambio de ideas, a fin de favorecer el papel entre el receptor y emisor; asimismo, la implementación de éstas nuevas tecnologías en las organizaciones, han permitido darse a conocerse en un vasto mercado globalizado (Morejón *et al.*, 2016; Molina y Zea, 2017; Moreano *et al.*, 2024). El desarrollo de las aplicaciones web ha crecido de forma exponencial debido al impacto de internet a nivel mundial, como medio para la transmisión de información y otros servicios. Gran parte de su desarrollo se debe a los progresos tecnológicos en el área de la programación; sin embargo, también se vienen presentando diversas problemáticas como por ejemplo en los procesos para el manejo de un gran volumen de información, cambios en las especificaciones del software, falta de comunicación e inseguridad, por lo que es importante que las organizaciones dedicadas a esta actividad, desarrollen innovaciones que respondan a estas situaciones adversas (Ríos *et al.*, 2018; Culque *et al.*, 2022).

Fraternal (1999) define las aplicaciones web como una herramienta informática accesible desde cualquier navegador, a través de internet o mediante una red local; por tanto, a través del navegador, se tiene acceso a toda su funcionalidad para solucionar los problemas citados con anterioridad. Por su parte, Hernández y Baquero (2020), señalan que la ingeniería de software considera a las aplicaciones Web como las herramientas que los usuarios pueden acceder para su empleo, mediante un servidor Web con servicio de internet o con la utilización una intranet con un navegador; es decir, es una aplicación software codificada con un lenguaje soportado por los navegadores Web para su ejecución confiable por parte del navegador (Molina *et al.*, 2018). Aunado a lo anterior, las herramientas web se han popularizado gracias a lo práctico del navegador web como cliente ligero, a la independencia del sistema operativo y a la facilidad para actualizarse y mantener aplicaciones web sin la necesidad de distribuir e instalar el software a una vasta cantidad de usuarios potenciales. Aplicaciones como los webmails, wikis, weblogs, tiendas en línea y Wikipedia son claros ejemplos de este tipo de tecnologías web (Delgado, 2008).

Mateu (2004) comenta que es de suma importancia señalar que una página web contiene los elementos indispensables que permiten una comunicación activa entre el usuario y la información, por lo que el usuario puede acceder a los diversos datos en una forma interactiva, debido a que el sitio Web responderá de forma eficiente y pronta, a cada una de sus acciones; por ejemplo, realizar el llenado de formularios y su envío, participar en una amplia gama de juegos, así como el acceder a gestores de base de datos de todo tipo.

Por tanto, el desarrollo de las empresas dedicadas a la creación e innovación de las herramientas web es, en nuestros días, de las más evolutivas dentro de la ingeniería de software, siendo esta evolución causada por el desarrollo de nuevos lenguajes programáticos, así como por las herramientas y metodologías enfocadas a la mejora de las aplicaciones web. Así, la compleja administración del software y la apropiada selección de herramientas de desarrollo, son tareas vitales para el proceso de gestión del cambio, mismo que debe estar asociado con el desarrollo de software web, ya que un proceso mal ejecutado o defectuoso, conduce a una amplia gama de problemas referentes con la productividad y mantenimiento de este (Navarro *et al.*, 2013; Valarezo *et al.*, 2018; Veloz, 2022).

Da Silva *et al.* (2017) dicen que, gracias a los avances tecnológicos actuales, el acceso a Internet se ha consolidado como una herramienta fundamental de comunicación. Cuando se emplea estratégicamente junto con acciones eficaces de marketing, puede generar beneficios significativos y mejorar la rentabilidad de cualquier negocio, dicho esto, un sistema web permite que los clientes puedan desempeñar diversas actividades como realizar sus pedidos y compras en línea, contar con la información oportuna de los productos y/o servicios que ofrece la empresa, expandir su mercado, etc. Todo lo anterior, está en función de mejorar de forma significativa su experiencia, aumenta las ventas y mantiene cautivo al consumidor; de igual manera, la gestión eficiente del inventario se facilita, ya que los productos y/o servicios se pueden dar de alta en la base de datos, sin la necesidad de modificar el código fuente, lo cual reduce errores y malentendidos.

Por otra parte, las abejas son insectos muy apreciados por la humanidad, ya que son las responsables de mejorar la producción agrícola a través de la polinización, y, además, contribuyen a la preservación de los sistemas ecológicos del mundo. De igual forma, la miel que producen se origina a partir del néctar de las flores, siendo un alimento con un alto valor nutrimental y con un alto aporte energético, ya que aporta una gran cantidad de vitaminas, monosacáridos (fructosa y glucosa); diversos ácidos orgánicos como el ácido glucónico y en menor proporción el fórmico, acético, butírico, láctico, oxálico, succínico, tartárico, maleico, pirúvico, piroglutámico, α-cetoglutárico, glicólico, cítrico, málico; componentes minerales como el potasio, sodio, calcio, magnesio, hierro, manganeso, cobre, cloro, fósforo, azufre y sílice; así como otros componentes que ayudan al organismo para la producción de sangre y el fortalecimiento generalizado del cuerpo. También se le atribuyen propiedades curativas aplicadas en afecciones de la piel, garganta, ojos, dolor de cabeza, riñones, hígado, alta presión, resfriados y tratamiento para la cicatrización de heridas (Ulloa *et al.*, 2010; Arévalo, 2021; Fernández, 2022; García *et al.*, 2022). La miel de abeja es un producto con gran demanda en el mercado internacional, por su valor nutritivo, cualidades terapéuticas, estimulantes y características sensoriales agradables. En el proceso de formación de la miel es imprescindible garantizar la inocuidad, la que se obtiene con respecto a la actividad humana, cumpliendo las normas de calidad e higiene, por razones de salud y para que tenga acceso a mercados nacionales e internacionales (Escobar y Manresa, 2005; Zandamela, 2008; Falquez, 2014; Quino y Alvarado, 2017; Ávila, 2018). En México la actividad apícola tiene gran relevancia a nivel socioeconómico y ecológico, pese a ser una actividad secundaria para la mayoría de los productores, en nuestro país representa una de las principales actividades pecuarias que se realizan (Cano *et al.*, 2016); además, la apicultura es una actividad generadora de empleos e ingresos, sobre todo en las comunidades rurales donde se practica en su mayoría de las veces, así como por su aporte de divisas (Magaña *et al.*, 2012). Es así como, aunque la industria apícola ha demostrado ser tradicionalmente rentable, aún enfrenta importantes retos en términos de difusión de información y comercialización, especialmente en aquellas empresas ubicadas en comunidades rurales. Estas dificultades se ven agravadas por la limitada capacitación técnica de las personas interesadas en emprender en el sector, así como por la falta de conocimientos necesarios para diseñar, implementar y gestionar canales de comunicación efectivos. A menudo, los productos apícolas se distribuyen únicamente en mercados locales, lo que limita significativamente su alcance, visibilidad y crecimiento comercial. Por ello, resulta crucial impulsar estrategias que permitan su proyección hacia nuevos mercados. En respuesta a esta realidad, en la región del Área de Protección de Flora y Fauna Cañón del Usumacinta (APFFCU), se creó el colectivo Cana'an Xu'x, que surgió como respuesta a una necesidad concreta, pero también como resultado de una visión compartida entre mujeres emprendedoras, egresadas de la UPM, y actores comprometidos con la conservación. Hoy en día, se tiene como estrategia comercial la venta de sus productos en comercio locales de la ciudad de Tenosique de Pino Suárez, Tabasco; México, mismas que fomentan la comercialización de productos relacionados con la preservación de las abejas y las recomendaciones de terceros, ubicada en el sursureste de México, el conocimiento científico sobre la biodiversidad local ha sido una herramienta invaluable. Gracias a la colaboración entre la Dirección del APFFCU y la Universidad Politécnica Mesoamericana (UPM), desde hace más de una década se ha impulsado una labor constante de vinculación con las comunidades. Este trabajo conjunto nos ha permitido conocer a fondo los recursos naturales de la región, pero, más aún, ha facilitado la construcción de estrategias sustentables que apuntan a un objetivo común: el aprovechamiento responsable de nuestra riqueza natural. En particular, el Colectivo Cana'an Xu'x ("Cuidado de la abeja") es una organización que tiene como finalidad la producción de productos derivados de la miel, además de preservar ocho especies de abejas nativas de la Región de los Ríos, Tabasco, con la finalidad de convertirse en una empresa sostenible y contribuir a la protección ambiental. En la actualidad, este Colectivo está vinculado con comunidades de la región en el proceso de organización y ampliación del área de influencia para la producción de miel; sin embargo, se vienen presentando problemas relacionados con la comercialización, debido en gran parte por la falta de herramientas digitales que difundan, promuevan y amplíen la venta de sus productos, la agenda de clientes y la expansión hacia nuevos mercados, lo que limita su crecimiento empresarial.

Por ello, el desarrollo e implementación de un sistema web para la empresa "Colectivo Cana'an Xu'x" representa una innovación clave para optimizar la difusión, comercialización y gestión de sus productos. Además, con su presencia en internet, esta empresa tiene la oportunidad de expandir su alcance, mejorar la experiencia del cliente y optimizar su operatividad, contribuyendo a su crecimiento y eficiencia en un mercado cada vez más digitalizado y globalizado. Algo que cabe destacar es que este sitio web servirá como un vehículo para la concientización de las personas sobre el papel vital e importancia que tienen las abejas en la naturaleza, mediante contenidos informativos y recursos educativos que promuevan un mayor entendimiento sobre la importancia que desempeñan las abejas para la polinización y la salud del medioambiente. Al conjuntar la producción y comercialización de la miel con la educación ambiental referida a las abejas, se pretende crear una comunidad de clientes más informada y comprometida con la preservación de estas esenciales polinizadoras. Por lo que el desarrollo e implementación de un sistema web para la empresa Colectivo Cana'an Xu'x representa una herramienta tecnológica que optimizará la operatividad y el funcionamiento mediante la difusión, divulgación y comercialización del producto.

Este sistema web se enfoca en la calidad de la miel y ofrece un catálogo de productos en línea. Los clientes podrán realizar pedidos desde casa, se podrán determinar las tendencias y preferencias de la clientela, gestionar el inventario de forma más eficiente y expandir su producto hacia nuevos mercados. Para su desarrollo, se propone que el proceso incluya las acciones pertinentes que habiliten el análisis de requerimientos, diseño del sistema web, modelación de la base de datos, configuración del servidor y el diseño de las interfaces del usuario.

Materiales y Métodos

Para elaborar la propuesta de la página web oficial del colectivo Cana'an Xu'x, se utilizó la metodología de cascada, que facilitó la organización del avance del proyecto en etapas graduales y estructuradas. Este modelo se usa extensamente en proyectos de ingeniería de software en los que las fases se rigen por una secuencia lineal, desde el análisis hasta la documentación de los resultados, y resulta particularmente beneficioso cuando las necesidades del cliente se han establecido con antelación.

El enfoque en cascada, atribuido a Winston Royce desde 1970, establece una secuencia organizada de fases como análisis, diseño, verificación y mantenimiento. Cada una de estas etapas debe completarse y validarse antes de continuar con la siguiente, lo que permite asegurar el cumplimiento de los objetivos del proyecto. Esta explicación ha sido descrita por Garcés y Egas (2015), según lo citado por Gamboa (2018). En esta propuesta, se abordaron las tres primeras fases, culminando con un prototipo funcional parcial, sin llegar a la implementación definitiva del sitio en línea.

Fase 1: Análisis de requerimientos
Durante esta etapa se llevaron a cabo reuniones presenciales y virtuales con miembros del colectivo Cana'an Xu'x (Ver figura 1). Se identificaron los objetivos del proyecto, el perfil del público objetivo,

el tipo de productos a presentar y las necesidades funcionales y estéticas del sitio web. Esta fase sirvió como base para orientar las decisiones de diseño y estructura del portal.

Fase 2: Recopilación de materiales

Con los requerimientos definidos, se procedió a reunir los insumos necesarios para la elaboración del prototipo:

- Imágenes de productos apícolas: Se tomaron fotografías originales de los productos elaborados por el colectivo (miel, polen, cera, etc.) directamente en los lugares de producción, resaltando la autenticidad y el valor artesanal.
- Arte visual generado por Inteligencia Artificial; se utilizaron herramientas del entorno ChatGPT para generar ilustraciones que reforzaran la identidad visual del proyecto. Fernández (2025) lo define como una herramienta conversacional que utiliza modelos de lenguaje de OpenAI basados en inteligencia artificial. Su tecnología permite generar texto e imágenes, destacando por su constante evolución y capacidad para crear contenido visual de forma automatizada.
- Datos comerciales: Se recopilaron y organizaron precios, características y beneficios de los productos, con el objetivo de integrarlos en un catálogo funcional dentro del diseño.
- Referencias visuales: Se incluyeron elementos gráficos como íconos, botones y esquemas de color para mantener coherencia en la interfaz de usuario.

Fase 3: Diseño de la propuesta

La propuesta fue desarrollada en la plataforma Wix (https://www.wix.com/), un sistema intuitivo de creación web que permite construir sitios mediante un editor visual sin necesidad de conocimientos avanzados de programación. Wix es una herramienta de diseño web basada en la nube, utilizada ampliamente por pequeñas empresas, emprendedores y diseñadores independientes gracias a sus plantillas personalizables y funcionalidades integradas como comercio electrónico, marketing y formularios interactivos (Salinas Islas, 2024).

Durante esta fase, se elaboró un prototipo de sitio web que incluye las secciones principales: inicio, productos, contacto y descripción del colectivo. Aunque algunas funciones son interactivas (como botones o formularios simulados), el sitio no fue implementado completamente, por lo que la propuesta debe entenderse como un modelo previo a su ejecución final.

Figura 1. *Sesión de trabajo con los miembros del colectivo Cana 'an X'ux, donde se discutieron los elementos clave del diseño del sitio web.*

Como parte del desarrollo del sistema, se utilizó Erwin Data Modeler para diseñar el modelo entidad-relación de la base de datos (Ver figura 2), con el objetivo de estructurar adecuadamente la información relacionada con la producción, venta y administración de productos apícolas. El modelo incluye entidades como productos, clientes, pedidos, usuarios, comentarios y colmenas, entre otras, estableciendo relaciones clave para asegurar la integridad referencial.

Figura 2. *Modelo entidad-relación del sistema propuesto (elaboración propia con Erwin).*

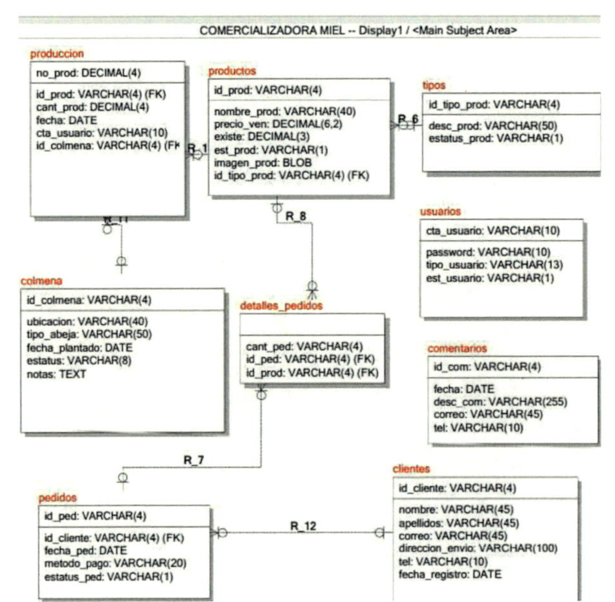

Resultados y Discusión

El uso de la metodología en cascada facilitó la organización del desarrollo de la propuesta de página web en etapas secuenciales, produciendo progresos significativos en cada fase. Como consecuencia del procedimiento, se obtuvo un prototipo parcial funcional del sitio web del colectivo Cana'an Xu'x, con un diseño gráfico claro, una estructura de navegación nítida y un catálogo inicial de productos apícolas.

En la barra de navegación del sitio (Ver figura 3). Se integran elementos esenciales como el logotipo del colectivo Cana'an Xu'x, botones de acceso rápido a las secciones "Inicio", "Catálogo", "Contáctanos" y "Nosotros", así como una barra de búsqueda que permite al usuario localizar productos específicos. A la derecha, se incluyen los íconos de cuenta de usuario y carrito de compras, los cuales se actualizan automáticamente al añadir productos. Asimismo, destaca un botón de "Compra en línea", que redirige al catálogo completo de productos disponibles.

Figura 3. *Vista del menú principal del sitio web*

Por otra parte, un slider representa un catálogo dinámico en formato carrusel que exhibe los productos más vendidos del colectivo (Ver figura 4). Este módulo incorpora flechas de navegación lateral que permiten al usuario desplazarse horizontalmente para explorar más artículos destacados. Su diseño busca resaltar los productos con mayor demanda y facilitar su acceso directo.

Figura 4. *Carrusel de productos más vendidos*

A continuación, se observa una sección promocional segmentada por tipo de producto, donde el usuario puede alternar entre distintas categorías como jabones, velas, dulces o goteros. La interfaz incluye un contador interactivo que permite seleccionar la cantidad deseada mediante un botón de incremento (+). Al hacer clic en "Añadir al carrito", el sistema simula la acción de compra, actualizando en tiempo real el número de productos acumulados en el carrito, reforzando la sensación de interactividad (Ver figura 5).

Figura 5. *Promociones por categoría*

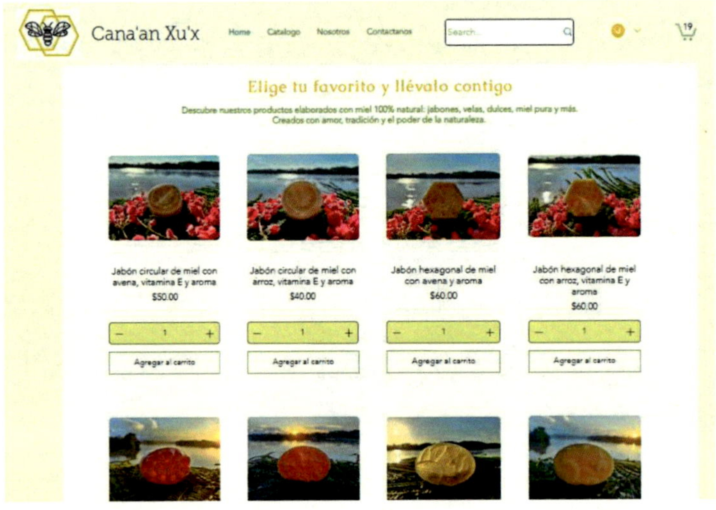

La sección informativa integral del sitio web se aprecia (Ver figura 6). Aquí se encuentra el acceso directo a todos los productos, políticas de envío y devoluciones, además de la dirección física del colectivo, horarios de atención y un formulario de suscripción para recibir notificaciones sobre promociones y novedades. También se visualizan los íconos que enlazan a las redes sociales oficiales del colectivo, fomentando la vinculación digital con los usuarios.

Figura 6. *Información general de la tienda y contacto*

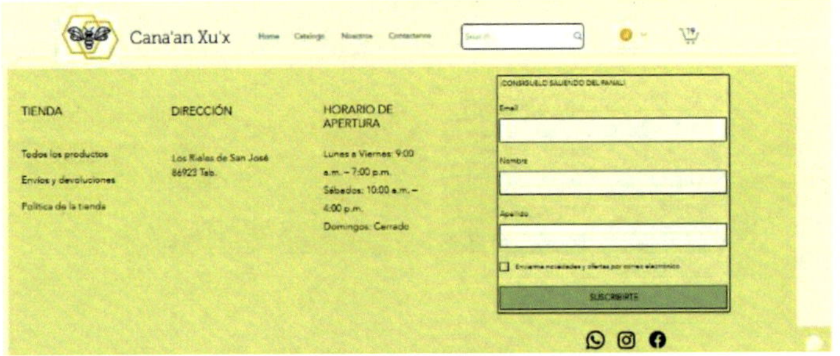

Como se muestra en la imagen (Ver figura 7), es la interfaz del catálogo completo al que se accede mediante el botón correspondiente en el menú. Esta sección incluye filtros de búsqueda que permiten refinar la exploración por categoría o por rango de precios. Como elemento distintivo, se incorpora una imagen generada por inteligencia artificial con estilo minimalista, diseñada para reforzar la estética visual del sitio sin sobrecargarlo gráficamente.

Figura 7. *Información general de la tienda y contacto*

En esta pantalla (Ver figura 8) se visualiza el apartado de información detallada de un producto específico. Al seleccionarlo desde el catálogo, el usuario accede a una ficha descriptiva donde se presentan las características, beneficios y detalles relevantes del artículo, facilitando así una decisión de compra informada.

Figura 8. *Vista individual del producto*

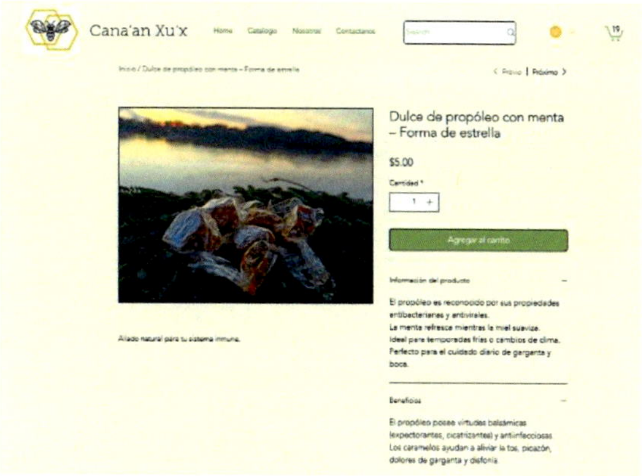

Este apartado está destinado a comunicar la identidad institucional del colectivo Cana'an Xu'x. Incluye una narrativa sobre su origen, historia, misión, visión y valores fundamentales. Su objetivo es fortalecer el vínculo emocional con los visitantes y generar confianza en la autenticidad del proyecto (Ver figura 9).

Aquí se habilitó un formulario para que los usuarios puedan enviar mensajes personalizados (Ver figura 10), ya sea para expresar dudas, hacer sugerencias o presentar quejas. Además, se muestra la información de contacto, como números telefónicos, dirección física, correo electrónico y un mapa integrado para facilitar la localización del colectivo.

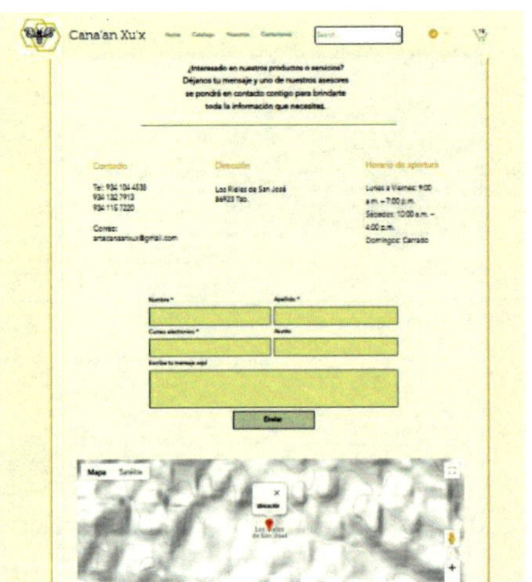

Cuando el usuario emplea la barra de búsqueda para localizar un producto, se despliega esta pantalla con los resultados filtrados (Ver figura 11). Se integran también categorías laterales y filtros de precio, permitiendo una navegación refinada según intereses específicos. Los productos coincidentes se muestran de forma clara y organizada.

Figura 11. *Resultados de búsqueda*

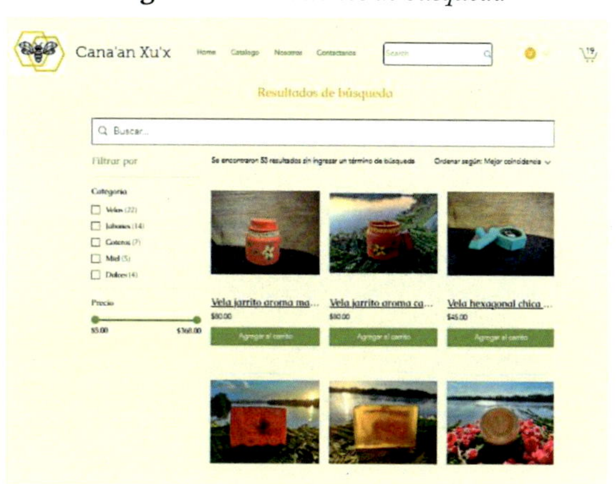

Se visualiza una ventana desplegable del menú personal del usuario, donde se encuentran accesos directos a funciones clave como: "Mis direcciones", "Mis tarjetas", "Mis suscripciones", "Mis pedidos", "Mi cuenta" y la opción de cerrar sesión (Ver figura 12).

Figura 12. *Menú de cuenta de usuario*

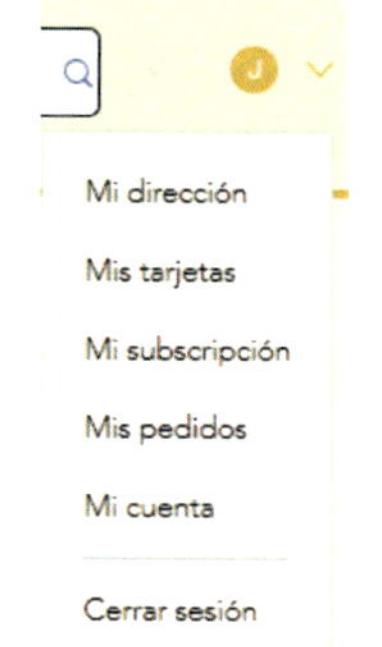

En esta sección, el usuario puede **gestionar las direcciones de envío** asociadas a su cuenta (Ver figura 13). Es posible agregar nuevas direcciones, editar las existentes y establecer una como predeterminada para facilitar el proceso de compra.

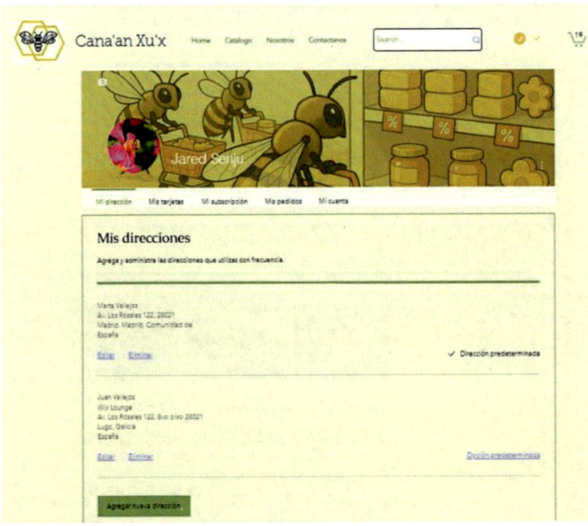

Como se muestra en esta pantalla (Ver figura 14), se permite administrar los **métodos de pago** registrados. Los usuarios pueden añadir o eliminar tarjetas de crédito o débito, así como seleccionar una tarjeta predeterminada para automatizar el proceso de cobro en futuras compras.

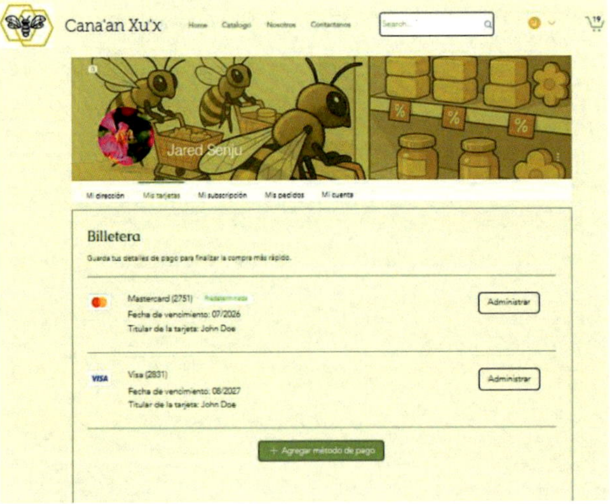

Este módulo presenta el estado actual de las suscripciones activas, detallando el tipo de plan, su vigencia y las opciones de cancelación. Las suscripciones otorgan beneficios exclusivos, como descuentos, acceso anticipado a novedades y participación en sorteos organizados por la página (Figura 15).

Aquí es posible **actualizar la información personal** del usuario, incluyendo nombre, apellidos y número telefónico (Ver figura 16). Esto garantiza que los datos estén siempre actualizados para una mejor atención y logística de envíos.

Figura 16. *Apartado "Mi cuenta*

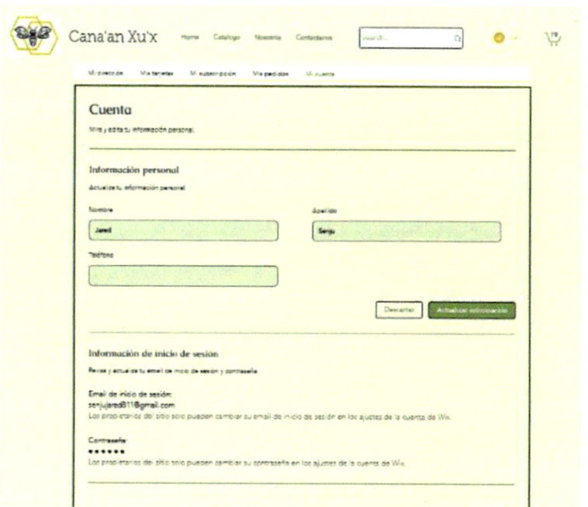

En este espacio, el usuario puede consultar el **historial completo de pedidos realizados,** así como los comprobantes o recibos de cada transacción. Esta funcionalidad es clave para la trazabilidad y el seguimiento de compras (Ver figura 17).

Figura 17. *Apartado "Mis pedidos"*

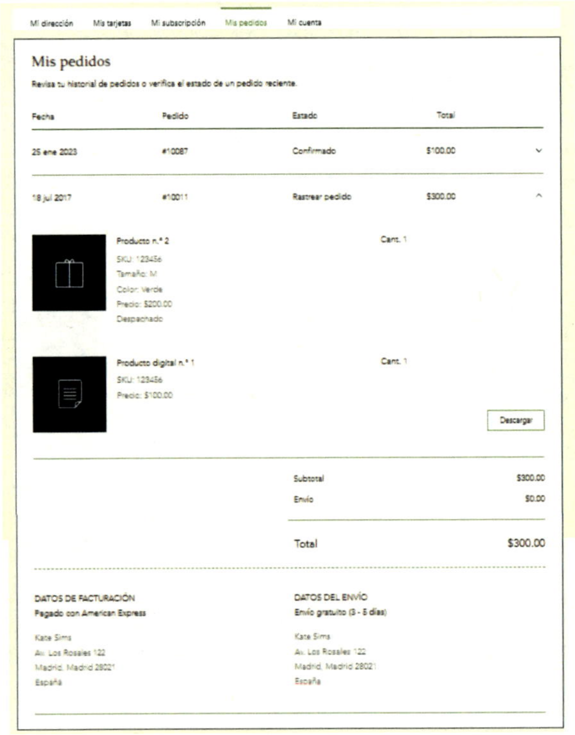

Al hacer clic en el ícono del carrito, se despliega una ventana (Ver figura 18), que despliega un resumen de productos añadidos, con el precio unitario, cantidad seleccionada, subtotal acumulado y dos botones: uno para proceder al pago y otro para ver el carrito completo y editar la información de envío.

Figura 18. *Vista emergente del carrito de compras*

En esta pantalla el usuario puede finalizar su compra (Ver figura 19). Se incluye un formulario para ingresar o confirmar la dirección de envío, y a continuación se procede a la sección de pago. La vista está diseñada para ofrecer una experiencia fluida y comprensible antes de confirmar la transacción.

Figura 19. *Página del carrito de compras*

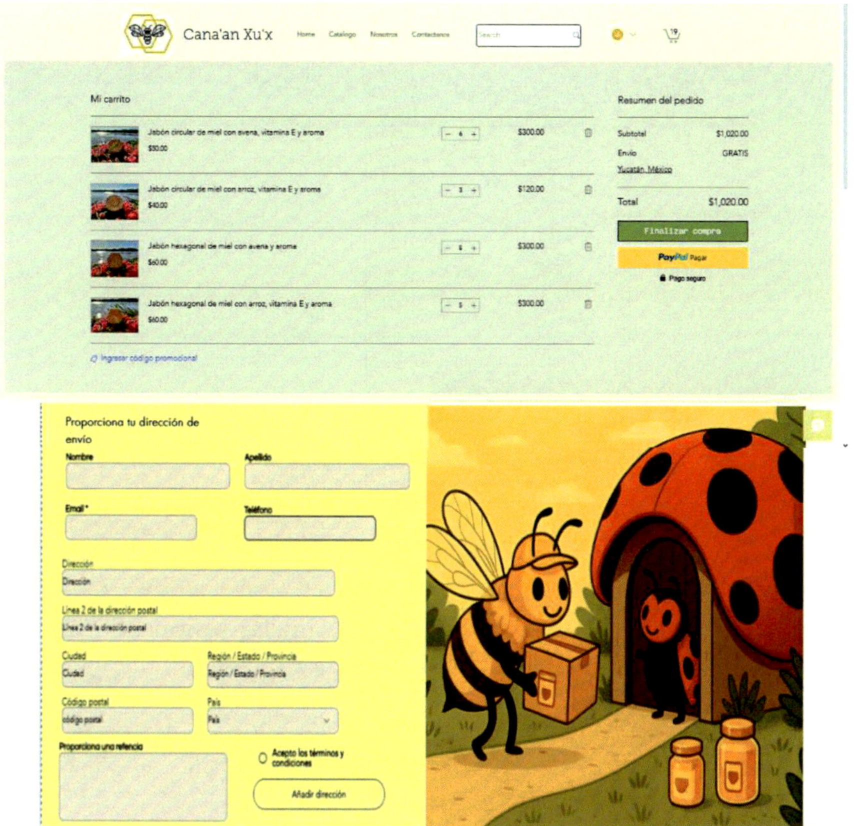

Tras realizar una compra, el sistema genera un resumen detallado del pedido, que incluye el subtotal, costos de envío (si aplica), impuestos y total a pagar. También se muestra la dirección de entrega y se confirma el envío de un correo electrónico con la notificación del pedido (Ver figura 20).

Figura 20. *Informe del pedido*

En la pantalla de la figura 21 los nuevos usuarios pueden crear una cuenta, ingresando su nombre, apellidos, dirección de correo electrónico y estableciendo una contraseña segura para acceder a las funcionalidades del sitio.

Figura 21. *Formulario de registro de usuario*

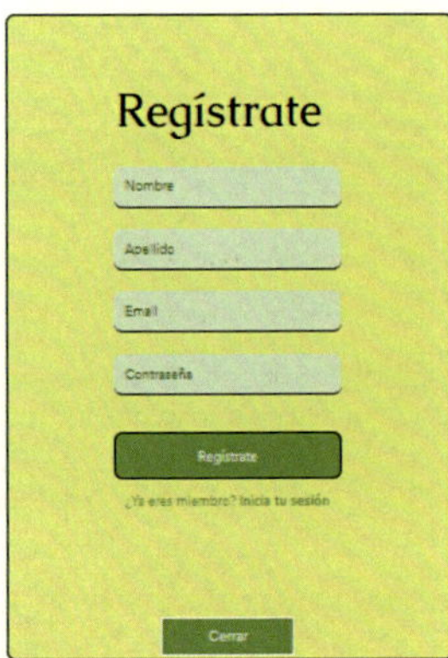

Esta vista (Ver figura 22) permite a los usuarios registrados iniciar sesión utilizando su correo electrónico y contraseña. También se ofrece la opción de acceder mediante autenticación social a través de Facebook o Google, simplificando el proceso de ingreso.

Figura 22. *Pantalla de inicio de sesión*

El desarrollo del prototipo web para el colectivo Cana'an Xu'x no solo permitió establecer una base visual y funcional para una futura implementación, sino que también sirvió como un ejercicio de validación estructurada en torno al uso de metodologías clásicas de desarrollo, como el modelo en cascada. Esta metodología, aunque tradicional, resultó útil debido a la claridad de los objetivos iniciales y a la naturaleza secuencial del proceso. En este contexto, cada fase cumplió con su propósito, aportando insumos clave para el diseño de un sitio web coherente, alineado con la identidad cultural del colectivo y con principios de experiencia de usuario.

En este sentido, al comparar esta propuesta con otras soluciones tecnológicas ya existentes en el ámbito apícola, se observa que algunas empresas han comenzado a desarrollar herramientas informáticas orientadas a mejorar la gestión y comercialización de productos derivados de la miel. Un ejemplo de ello es el software de gestión comercial de Verial, documentado en diciembre de 2023, el cual ofrece funciones de facturación, control de stock y trazabilidad para empresas apícolas, con un enfoque en la automatización de procesos administrativos (Verial, 2023). De manera similar, Isvisoft presentó en 2019 una aplicación móvil llamada Abeefy, enfocada en el monitoreo de colmenas mediante tecnología NFC, la cual permite a los apicultores llevar un registro preciso de sus colmenas desde sus dispositivos móviles, contribuyendo al seguimiento técnico de la producción (Isvisoft, 2019). También se encontró que la página principal de Verial, actualizada por última vez en noviembre de 2019, refuerza el compromiso de esta empresa con la digitalización de sectores productivos tradicionales, como la apicultura, mediante soluciones informáticas de fácil adopción (Verial, 2019).

A pesar de la creciente presencia digital del sector apícola, existen muy pocas investigaciones académicas centradas en el análisis de páginas web vinculadas a la industria apícola, tanto en su dimensión comercial como en sus iniciativas de conservación. Esta carencia representa una oportunidad para explorar el impacto que tienen estas plataformas en la promoción, venta y educación sobre los productos y problemáticas apícolas.

Durante la revisión de antecedentes, se encontraron trabajos que, aunque con enfoques diferentes, coinciden en la intención de apoyar al sector apícola mediante soluciones tecnológicas. Uno de ellos es el proyecto desarrollado por Freire Vaccaro y Rojas Reyes (2018), quienes propusieron la creación de una plataforma digital orientada a mejorar la comercialización de la miel producida por PYMES apícolas en Ecuador. En su investigación identificaron dificultades como la escasa visibilidad en línea, el poco conocimiento técnico de los apicultores sobre cómo publicar sus productos, y la falta de estrategias de marketing digital. Su propuesta considera no solo el desarrollo del sitio web, sino también el acompañamiento con estrategias para fomentar el consumo de miel local.

Otro trabajo valioso es el de Moreira Alcívar y Pachay Rodríguez (2020), quienes se enfocaron en resolver una necesidad distinta, pero igualmente importante: la gestión interna de la información apícola. A través del diseño de un aplicativo web y móvil, plantearon una solución que permite a los apicultores del Apiario "Miel del Valle" organizar sus procesos de producción, trazabilidad y planificación. La propuesta incluye desde el registro de colmenas hasta la generación de códigos QR que facilitan el seguimiento de cada lote de producción. En relación con estos aportes, el presente proyecto busca contribuir desde otra perspectiva complementaria. En lugar de centrarse exclusivamente en la gestión productiva o en la comercialización masiva, la propuesta realizada para el colectivo Cana'an Xu'x se enfoca en diseñar una plataforma web que visibilice su identidad, comunique sus valores como unidad productora y les permita tener presencia en línea con una estructura clara y amigable. Aunque aún no se implementa, el diseño fue pensado para facilitar su futura adopción, considerando tanto la experiencia del usuario como el contexto cultural del colectivo.

Aunque la literatura académica relacionada con el uso de tecnologías digitales en el sector apícola es aún limitada, en la práctica sí se observa una notable presencia de sitios web dedicados tanto a la comercialización de productos derivados de la miel como a la conservación de las abejas. En primer lugar, dentro del ámbito comercial, empresas como Miel Oro (Miel Oro, s.f.), Miel Norteña (Miel Norteña, s.f.), Bonnamiel (Bonnamiel, s.f.) y Apinal (Apinal, s.f.) han desarrollado sitios web que les permiten a los productores apícolas posicionar sus marcas, ofrecer sus productos en línea y ampliar su alcance geográfico mediante el comercio electrónico. Estas plataformas destacan por su diseño visual atractivo, su enfoque en el consumidor y la posibilidad de realizar pedidos de forma directa, lo cual representa una ventaja significativa frente a la venta exclusiva en mercados físicos locales. Por otra parte, también se identificaron páginas enfocadas en la conservación de las abejas, como Ecocolmena (Ecocolmena, s.f.), The Bee Conservancy (The Bee Conservancy, s.f.) y la Fundación Amigos de las Abejas (Fundación Amigos de las Abejas, s.f.). Estas organizaciones utilizan sus plataformas digitales como canales para la educación ambiental, el apadrinamiento de colmenas, la recaudación de fondos y la promoción de buenas prácticas apícolas. Sus sitios no solo difunden conocimiento, sino que también generan comunidad en torno a la protección de las abejas, insectos fundamentales para la biodiversidad y la seguridad alimentaria global.

Si bien estos sitios web no están documentados en investigaciones académicas, su existencia activa y funcional en la web refleja el interés creciente por digitalizar tanto los procesos comerciales como las iniciativas ecológicas en torno a la apicultura. En este sentido, el diseño del prototipo web para el colectivo Cana'an Xu'x se inscribe dentro de esta tendencia, pero aporta un enfoque más localizado, culturalmente contextualizado y orientado a la apropiación comunitaria, lo que abre posibilidades para nuevas formas de comercialización digital desde entornos rurales.

Conclusión

El desarrollo del prototipo de sitio web para el Colectivo Cana'an Xu'x constituye una apuesta significativa por la integración de herramientas digitales en contextos rurales con fuerte arraigo comunitario. Este proyecto no se limita a ser una solución tecnológica aislada, sino que se inscribe en una visión más amplia: la transformación sostenible de comunidades locales a través del uso consciente y ético de la tecnología. La metodología en cascada aplicada permitió avanzar de forma ordenada en las fases de análisis de requerimientos, recopilación de materiales y diseño, generando un modelo funcional que sienta bases sólidas para su futura implementación.

Más allá de su utilidad para la difusión y comercialización de productos apícolas, el sitio web se concibe como una plataforma integral que articula saberes tradicionales con herramientas digitales, en una sinergia que fortalece la identidad colectiva del Colectivo Cana'an Xu'x. La propuesta incorpora contenido educativo y promueve la conciencia ambiental, posicionándose como un agente de cambio frente a los desafíos ecológicos contemporáneos. En este sentido, el sitio no solo atiende una necesidad comercial, sino que se erige como una respuesta ética y estética a la urgencia de preservar la biodiversidad.

Carvajal (2020) destaca que las abejas, al igual que otros insectos polinizadores, desempeñan un papel fundamental en la agricultura mundial, beneficiando directamente a más de dos mil millones de pequeños productores agrícolas y fortaleciendo la seguridad alimentaria global. No obstante, muchas personas aún desconocen la magnitud del papel que estos insectos desempeñan en el equilibrio ecosistémico. Más de tres cuartas partes de las especies vegetales del planeta dependen de procesos de polinización naturales. El desconocimiento de esta realidad alimenta la indiferencia ante su posible desaparición, a pesar de que su extinción implicaría una reconfiguración drástica del sistema alimentario y del equilibrio ecológico.

En obras de ciencia ficción se han planteado posibles sustituciones tecnológicas, como es el caso del episodio *Odio Nacional* de la serie *Black Mirror*, donde enjambres de abejas robóticas son utilizados para reemplazar a las especies naturales extintas. Aunque estas narrativas pueden parecer distantes, funcionan como advertencias filosóficas sobre los riesgos de un uso irreflexivo de la tecnología. La solución no radica en reemplazar la naturaleza, sino en apoyarse en la tecnología para preservarla. El proyecto del Colectivo Cana'an Xu'x se alinea precisamente con esta lógica: usar las herramientas digitales como aliadas en la educación ambiental, la conservación y el fortalecimiento de prácticas sostenibles.

El diseño del sitio web incorpora principios contemporáneos como la experiencia centrada en el usuario, la visualización intuitiva de datos y el uso potencial de inteligencia artificial para la gestión de la oferta y la demanda. Incluso en un proyecto de pequeña escala, estas tecnologías muestran su capacidad para generar beneficios tangibles como el incremento en las ventas, la fidelización de clientes y la expansión hacia nuevos mercados. Esto evidencia que el acceso a soluciones digitales no debe estar limitado por la ubicación geográfica ni por la escala productiva. Sin embargo, también emergen desafíos estructurales como la necesidad de capacitación técnica, la limitada conectividad en zonas rurales y la sostenibilidad operativa del sitio en el mediano y largo plazo. Superar estos obstáculos requerirá una planeación cuidadosa y una estrategia progresiva de apropiación tecnológica por parte de la comunidad. Asimismo, la escasa presencia de investigaciones académicas centradas en iniciativas digitales para el sector apícola revela un campo fértil para futuros estudios de caso y análisis comparativos que profundicen en el impacto de lo digital en economías rurales basadas en prácticas ancestrales.

En definitiva, esta propuesta trasciende su función como herramienta digital para convertirse en una iniciativa que articula tecnología y comunidad desde una perspectiva de cuidado. El sitio web del Colectivo Cana'an Xu'x representa un punto de encuentro entre la innovación tecnológica y las prácticas tradicionales, ofreciendo una solución que no solo atiende necesidades comerciales, sino que también promueve la conciencia ambiental y el desarrollo sostenible. En este marco, la tecnología no se presenta como un sustituto de lo natural, sino como un recurso que acompaña, fortalece y amplifica los esfuerzos locales. Así, el proyecto sienta las bases para una transformación digital con sentido, orientada a preservar los vínculos comunitarios y los equilibrios ecológicos que sostienen nuestra vida cotidiana.

Referencias

Apinal. (s.f.). *Apinal – Productos de la colmena*. Recuperado el 24 de mayo de 2025, de https://www.apinal.com/mx/

Arévalo Gómez, N.L. (2021). Proceso de producción de miel de abeja *Apis mellífera* para la empresa apícola Colmenas El Cacique. [Tesis de Licenciatura, Facultad de Ciencias Empresariales de la Corporación Universitaria Minuto de Dios, Zipaquirá, Colombia]. Repositorio UNIMINUTO. https://repository.uniminuto.edu/server/api/core/bitstreams/a76f9853-bc22-42c6-9a36-69f22f646710/content

Ávila Recalde, S.F. (2018). Caracterización de la miel de abeja en la provincia de Imbabura. Ibarra. Ecuador. [Tesis de Pregrado, Universidad Técnica del Norte, Ibarra, Ecuador]. Repositorio UTN. http://repositorio.utn.edu.ec/handle/123456789/7883

Bonnamiel. (s.f.). *Bonnamiel – Miel de abeja 100% natural*. Recuperado el 24 de mayo de 2025, de https://bonnamiel.mx/

Cano Sosa, J.S., Ramos Díaz, A., Moguel Ordóñez, Y.B., Villanueva Gutiérrez, R. y Pacheco López, N. (2016). Trazabilidad de la miel mexicana, un acercamiento hacia su correcta implementación, ventajas y oportunidades. En producción y comercialización de miel y sus derivados en México: Desafíos y oportunidades para la exportación. (A.L. Ramos Díaz y N.A. Pacheco López, Editores). [1ra. Edición, 123 p.]. Centro de Investigación y Asistencia en Tecnología y Diseño del Estado de Jalisco A.C. https://ciatej.mx/files/divulgacion/divulgacion_5f243ecb97f89.pdf

Carvajal, V. (2020). Importancia de las abejas como polinizadores. https://bibdigital.epn.edu.ec/bitstream/15000/21021/1/Importancia%20de%20las%20abejas%20como%20polinizadores2a.pdf.

Culque Toapanta, W.V., Gavilanes Palacios, J.R., Tiban Chito, A. y De la Torre, L.A. (2022). Aplicación web-móvil para la gestión de productores agropecuarios del gobierno autónomo descentralizado del cantón Mocha. *Revista Universidad y Sociedad*, 14(3), 487-492. http://scielo.sld.cu/pdf/rus/v14n3/2218-3620-rus-14-03-487.pdf

Da Silva, G. M. B., & Daolio, R. P. G. (2017). *A importância da internet como ferramenta estratégica para o negócio da empresa*. Revista Gestão em Foco (9). https://portal.unisepe.com.br/unifia/wp-content/uploads/sites/10001/2018/06/021_importancia_internet_ferramenta_estrategica.pdf

Delgado Expósito, E. (2008). Metodologías de desarrollo de software. ¿Cuál es el camino? *Revista de Arquitectura e Ingeniería*, 2(3), 1-7. https://www.redalyc.org/pdf/1939/193915935003.pdf

Ecocolmena. (s.f.). *Ecocolmena – Apicultura sostenible y educación ambiental*. Recuperado el 24 de mayo de 2025, de https://www.ecocolmena.org/

Escobar Camejo, M. y Manresa González, A. (2005). Clasificación de mieles uniflorales cubanas a partir de sus propiedades físico-químicas. *Revista CENIC: Ciencias Biológicas*, 36(No. Especial). https://www.redalyc.org/pdf/1812/181220525088.pdf

Falquez Chávez, J.C. (2014). Factibilidad de producir y comercializar miel de abejas en la ciudad de Guayaquil. [Tesis de Pregrado, Universidad Católica de Santiago de Guayaquil, Ecuador]. Repositorio UCSG. http://repositorio.ucsg.edu.ec/handle/3317/2826

Fernández, M. (2022). Importancia de las abejas. Producción de miel de abeja: Guía para el productor. [2da. Edición, 6 p.]. Serigraf S.R.L. https://wwflac.awsassets.panda.org/downloads/manual_miel__2022.pdf

Fernández, Y. (2025, 10 de abril). *ChatGPT: qué es, cómo usarlo y qué puedes hacer con este chat de inteligencia artificial*. Xataka. https://www.xataka.com/basics/chatgpt-que-como-usarlo-que-puedes-hacer-este-chat-inteligencia-artificial

Fraternali, P. (1999). Tools and approaches for developing data-intensive web applications: A survey. *ACM: Computing Surveys (CSUR) Journal*, 31(3), 227-263. https://doi.org/10.1145/331499.331502

Freire Vaccaro, M. R., & Rojas Reyes, M. E. (2018). *Elaboración de una plataforma digital para el desarrollo comercial de las PYMES productoras de miel de abeja del Ecuador para fomentar su consumo*

[Tesis de pregrado, Universidad Católica de Santiago de Guayaquil]. Repositorio UCSG. http://repositorio.ucsg.edu.ec/bitstream/3317/11498/1/T-UCSG-PRE-ESP-CICE-24.pdf

Fundación Amigos de las Abejas. (s.f.). *Amigos de las Abejas – Por la conservación de las abejas en España*. Recuperado el 24 de mayo de 2025, de https://abejas.org/

Gamboa, J. Z. (2018*). Evolución de las metodologías y modelos utilizados en el desarrollo de software. INNOVA Research Journal, 3*(10), 20–33. https://dialnet.unirioja.es/servlet/articulo?codigo=6777227

García Chaviano, M.E., Armenteros Rodríguez, E., Escobar Álvarez, M.C., García Chaviano, J.A., Méndez Martínez, J. y Ramos Castro, G. (2022). Composición química de la miel de abeja y su relación con los beneficios a la salud. *Revista Médica Electrónica*, 44(1), 155-167. http://scielo.sld.cu/scielo.php?script=sci_arttext&pid=S1684-18242022000100155

Hernández Bejarano, M. y Baquero Rey, L.E. (2020). Fundamentos de Programación Web. [1ra. Edición]. Universidad ECCI. https://www.ecci.edu.co/wp-content/uploads/2022/02/Fundamentos-de-Programacion-Web-version-1.0-EDITORIAL-ECCI.pdf

Isvisoft. (2019, 14 de mayo). *Abeefy – Desarrolladores Android – Identificación electrónica de colmenas*. Isvisoft. Recuperado el 24 de mayo de 2025, de https://isvisoft.com/portfolio-desarrolladores-android/

Magaña Magaña, M.A., Moguel Ordóñez, Y.B., Sanginés García, J.R. y Leyva Morales, C.E. (2012). Estructura e importancia de la cadena productiva y comercial de la miel en México. *Revista Mexicana de Ciencias Pecuarias*, 3(1), 49-64. https://www.scielo.org.mx/pdf/rmcp/v3n1/v3n1a4.pdf

Mateu, C. (2004). Desarrollo de aplicaciones WEB. [1ra. Edición, pp. 12-22]. (D. Megías Jiménez y J. Mas, Coordinadores). UOC. https://openaccess.uoc.edu/bitstream/10609/224/1/Desarrollo%20de%20aplicaciones%20web.pdf

Miel Norteña. (s.f.). *Miel Norteña – Autenticidad y sabor natural*. Recuperado el 24 de mayo de 2025, de https://mielnortena.com/

Miel Oro. (s.f.). *Miel Oro – Productos apícolas de calidad*. Recuperado el 24 de mayo de 2025, de https://mieloro.com.mx/

Molina Ríos, J.R. y Zea Ordóñez, M.P. (2017). Metodologías de desarrollo en aplicaciones WEB. *Revista Arjé*, 11(21), 245-270. http://arje.bc.uc.edu.ve/arj21/art16.pdf

Molina Ríos, J.R., Zea Ordóñez, M.P., Contento Segarra, M.J. y García Zerda, F.G. (2018). Comparación de metodologías en aplicaciones web. *Revista Electrónica 3C Tecnología: Glosas de Innovación Aplicadas a la Pyme*, 7(1), 1-19. https://3ciencias.com/wp-content/uploads/2018/03/art1.pdf

Moreano Guerra, C.B., Escobar Erazo, T.E., Haro Haro, E.R. y Villagomez Valencia, P.A. (2024). Redes sociales y su impacto en el entorno digital de las empresas. *Ciencia Latina, Revista Científica Multidisciplinar*, 8(2), 831-857. https://doi.org/10.37811/cl_rcm.v8i2.10531

Moreira Alcívar, I. D., & Pachay Rodríguez, E. B. (2020). Implementación de un aplicativo web y móvil para la gestión apícola del apiario "Miel del Valle" [Trabajo de titulación de pregrado, Universidad Agraria del Ecuador]. Repositorio Universidad Agraria del Ecuador. https://cia.uagraria.edu.ec/Archivos/PACHAY%20RODRIGUEZ%20ELLIOT%20BRYAN%20(1).pdf

Morejón Rivera, R., Cámara, F.A., Jiménez, D.E. y Díaz, S.H. (2016). SISDAM: Aplicación Web para el procesamiento de datos según un diseño aumentado modificado. *Revista Cultivos Tropicales*, 37(3), 153-164. https://www.redalyc.org/pdf/1932/193246976017.pdf

Navarro Cadavid, A., Fernández Martínez, J.D. y Morales Vélez, J. (2013). Revisión de metodologías ágiles para el desarrollo de software. *Revista Prospectiva*, 11(2), 30-39. https://www.redalyc.org/pdf/4962/496250736004.pdf

Quino Marco, L. y Alvarado, J.A. (2017). Capacidad antioxidante y contenido fenólico total de mieles de abeja cosechada en diferentes regiones de Bolivia. *Revista Boliviana de Química*, 34(3), 65-71. http://www.scielo.org.bo/scielo.php?script=sci_arttext&pid=S0250-54602017000300001&lng=es

Salinas Islas, D. (2024, 2 de abril). ¿Qué es Wix y cómo funciona? Wix. https://es.wix.com/blog/que-es-wix#viewer-9comk130

The Bee Conservancy. (s. f.). *The Bee Conservancy – Protecting pollinators and empowering communities*. Recuperado el 24 de mayo de 2025, de https://thebeeconservancy.org/

Ulloa, J.A., Mondragón Cortez, P.M., Rodríguez Rodríguez, R., Reséndiz Vázquez, J.A. y Rosas Ulloa, P. (2010). La miel de abeja y su importancia. *Revista Fuente*, 2(4), 11-18. http://fuente.uan.edu.mx/publicaciones/01-04/2.pdf

Valarezo Pardo, M.R., Honores Tapia, J.A., Gómez Moreno, A.S. y Vinces Sánchez, L.F. (2018). Comparación de tendencias tecnológicas en aplicaciones web. *Revista Electrónica 3C Tecnología: Glosas de Innovación Aplicadas a la Pyme*, 7(3), 28-49. https://3ciencias.com/wp-content/uploads/2018/09/Art_2.pdf

Veloz Segura, E.A. (2022). Componentes de calidad software y su utilización en aplicaciones WEB. *Ciencia Latina: Revista Científica Multidisciplinar*, 6(3), 3193-3204. https://doi.org/10.37811/cl_rcm.v6i3.2456

Verial. (2023, 21 de diciembre). *Software de gestión comercial para productos apícolas*. Programa de Gestión. Recuperado el 24 de mayo de 2025, de https://programa-de-gestion.com/sector/software-de-gestion-comercial-para-productos-apicolas/

Verial. (2019, 30 de noviembre). *Programa de gestión comercial para empresas*. Programa de Gestión. Recuperado el 24 de mayo de 2025, de https://programa-de-gestion.com/

Zandamela Mungói, E.M. (2008). Caracterización físico-química y evaluación sanitaria de la miel de Mozambique. [Tesis Doctoral, Departamento de Ciencia Animal de la Facultad Autónoma de Barcelona, España]. Repositorio FAB. https://www.tesisenred.net/handle/10803/5701

Capítulo 4

Emprendimiento tecnológico de un software para mejorar los servicios en una estética

Rosendo Arias Gutiérrez[1], Jorge Víctor Hugo Mendiola Campuzano[2], Heradia Pascual Cornelio[3], Alejandro Alpuche Palma[4].

Resumen

Este artículo presenta el desarrollo e implementación de un sistema de información para automatizar los procesos administrativos en el estudio de belleza "Solo con Cayax". A pesar de los avances tecnológicos, este negocio realizaba sus operaciones de forma manual, lo cual la problemática radica en la gestión de sus servicios, cobros y agendar citas, lo que ocasionaba ineficiencias operativas. Para resolver esta problemática, a través de una metodología se desarrolló por prototipos, un diseño para la solución tecnológica adaptada a las necesidades específicas del cliente, utilizando herramientas como MySQL, HTML, CSS y JavaScript, logrando funcionalidades clave. El sistema resultante permite registrar servicios, clientes, agendar citas y realizar abonos de forma automatizada. Los resultados evidencian una mejora significativa en el control de información y en la eficiencia del negocio. Se concluye que el uso de software en microempresas puede ser una herramienta clave para su crecimiento y profesionalización tanto interna como externa, no solamente en las funciones principales, sino en otras como en marketing, así tener mejores relaciones con los clientes.

Palabras clave: Programas, Sistema de información, Página web, Servicios estéticos, Prototipo.

[1] Autor principal: Rosendoarias@gmail.com, https://orcid.org/0009-0006-8568-8255. División Académica Multidisciplinaria de los Ríos de la Universidad Juárez Autónoma de Tabasco, Tenosique, Tabasco, México.
[2] jorge.mendiola@ujat.mx. https://orcid.org/0000-0001-8043-0315. División Académica Multidisciplinaria de los Ríos de la Universidad Juárez Autónoma de Tabasco, Tenosique, Tabasco, México.
[3] heradia@hotmail.com. https://orcid.org/0000-0003-1624-0685. División Académica Multidisciplinaria de los Ríos de la Universidad Juárez Autónoma de Tabasco, Tenosique, Tabasco, México.
[4] alejandro.alpuche@ujat.mx. https://orcid.org/0000-0003-2447-0966. División Académica Multidisciplinaria de los Ríos de la Universidad Juárez Autónoma de Tabasco, Tenosique, Tabasco, México.

Introducción

Hoy en día, una mayor cantidad de organizaciones confía en los diversos sistemas de información para efectuar sus procesos y operatividad, interactuar con proveedores y clientes, así como para ser más competitivas en un mercado cada vez más demandante. En el entorno organizacional, estos sistemas de información cumplen con el propósito para el procesamiento de entradas, almacenamiento de datos, la producción de reportes y otros instrumentos para el responsable que resume los datos; no obstante, en los tiempos de la transformación digital, el empleo de sistemas de información tienen un papel primordial, ya que deben garantizar la integración de todos los procesos administrativos de la organización, mediante la tecnología y con ello, acceder al conocimiento preciso a fin de poder tomar decisiones precisas, rápidas y oportunas (Thatcher y Pingry, 2004; Berman, 2012; Slavova, 2016; Schwertner, 2017; Proaño *et al.*, 2018).

En un contexto mundial donde se demanda competitividad debido a una economía globalizada e interconectada, la producción de información se viene incrementado significativamente en las organizaciones y en su entorno exterior, por lo que los Sistemas de Información juegan un papel preponderante en la economía actual, siendo uno de sus principales propósitos el auxiliar a las personas u organizaciones en la realización de las actividades más complejas, lo cual es traducido en la agilidad y facilidad para desarrollar estas tareas e incluso, se han vuelto indispensables para la atención de clientes, proveedores, socios, empleados y accionistas (Calzada y Abreu, 2009; Vieira y Mussi Szabo, 2012), además de optimizar sus procesos mediante la innovación y eficiencia organizacional (Kim *et al.*, 2009; Ynzunza e Izar, 2013), dando como resultado la mejora operativa, así como en la gestión y el manejo de la información, lo cual se traduce en la productividad y competitividad de las empresas (Rai *et al.*, 2006; Albertin y de Moura, 2008; Medina *et al.*, 2011; Cordero y Rodríguez, 2017; Bojar *et al.*, 2018; García *et al.*, 2021).

La implementación de un software en un negocio permite mejorar la toma de decisiones, las cuales son fundamentadas con datos (Martínez y Rodríguez, 2023); con esto, la resolución de problemas ya no dependerá de factores informales (experiencia, corazonadas, tino, olfato, sexto sentido, etc.). Así, mediante la implementación de elementos tecnológicos, quedan de lado los procesos tradicionales utilizados por las organizaciones en la toma de decisiones administrativas (Ahumada y Perusquia, 2016; Sánchez y Zambrano, 2019; Villacreses y Vite, 2021).

De manera particular, se dice que la inteligencia de negocios es la responsable de aplicar procesos para impulsar el desarrollo organizacional, en base a la búsqueda de alternativas que permitan mejorar sus resultados en cuanto a sus gestiones y operatividad; por ello, las empresas tienen como principal reto la innovación, a fin de ser más productivas y funcionales (Bojar *et al.*, 2018) y para lograrlo, es primordial la adaptación de tecnologías que permitan optimizar la gestión de los recursos mediante la aplicación de estrategias empresariales. Por tanto, la inteligencia de negocios se obtiene a través de identificar los factores determinantes de los datos e información de cualquier organización y con ello, eficientar las tomas de decisiones organizacionales, por lo que es de suma importancia desarrollar un análisis sistematizado de todos los factores que inciden en la funcionalidad de la organización (Slavova, 2016; Cordero y Rodríguez, 2017; Villacreses y Vite, 2021).

Cabe destacar que el *software* surge a finales del siglo XIX y en 1960, se convierte en una herramienta esencial para el desarrollo de máquinas, atribuyéndole el nombre de ingeniería de software; entre 1980 y 1990, inicia la era de las computadoras personales, gracias al desarrollo tecnológico realizado por Microsoft® y Apple®, y con ello, se genera la creación de sistemas operativos y herramientas como las hojas de cálculo (Sommerville, 2011; García, 2015).

El concepto de software fue propuesto por Alan Turning en 1940, al realizar el prototipo denominado máquina de Turning, siendo este hecho el que inspirara para las siguientes décadas la creación de los primeros dispositivos y máquinas capaces de ejecutar órdenes, mediante lenguajes de programación; de esta forma, el software representa un programa informático compuesto por algoritmos y partes visuales que permiten interactuar con un dispositivo electrónico y permite la facilidad de su uso en los ordenadores o smartphones, visualizando datos de manera gráfica y haciendo posible que su empleo sea comprensible para las personas en su vida cotidiana (Vidal y Amor, 2010; Fernández, 2015).

Por tanto, el software es un conjunto de programas que contiene datos que le mandan indicaciones a una computadora o dispositivo para que sean ejecutadas las acciones correspondientes; es decir, permite realizar tareas específicas en un sistema informativo (Calzada y Abreu, 2009; Berman, 2012; Cordero y Rodríguez, 2017; Briano, 2023); con ello, los avances tecnológicos han provocado que cada día existan más alternativas para llevar a cabo diversas actividades dentro de las empresas, con la finalidad de mejorar el almacenamiento y control de la información que se maneja a su interior y así, eficientar su operatividad y disminuir la problemática que existe en la operatividad manual. En este sentido, Pérez (2023) menciona que el software puede ser un producto que se venda como un procesador de textos o puede representar un medio para brindar un servicio en específico que optimice su operatividad.

En la actualidad, los avances tecnológicos se han convertido en una necesidad inherente al funcionamiento con respecto al software, optimizando diversas labores que se desarrollan en la misma sociedad, obligando a las personas a constantes cambios que les permitan capacitarse con base en las nuevas herramientas tecnológicas para el desarrollo de diversas actividades laborales y para la socialización (Mejía y Acosta, 2019).

Particularmente, pese a los avances tecnológicos que existen hoy en día, la estética de belleza *"Solo con Cayax"*, lleva a cabo sus procesos de forma manual, mientras que los cobros de los servicios se registran en una libreta, donde se anota el importe en la columna correspondiente al tipo de servicio y al mismo tiempo, se realiza la sumatoria del importe de los abonos y el saldo restante, con el propósito de conocer al final de la jornada el total de los cobros. Sumado a lo anterior, no se cuenta con una agenda de clientes y proveedores, registro y control de inventario, estadísticas y tendencias, lo cual, en suma, hace que sea imposible la innovación tecnológica, a fin de mejorar su operatividad.

Camargo *et al.* (2022) señalan que en lo que respecta al desarrollo de prototipos de software específicos para los negocios de estética, se pueden aplicar diversas metodologías como *Design Thinking*, el cual incluye las fases para empatizar, definir, idear, prototipar y probar, o metodología de prototipo de alta fidelidad, así como las herramientas PowerPoint®, Figma®, Adobe XD®.

Por todo lo descrito anteriormente, el propósito de este trabajo es proponer la creación de un software para automatizar los diversos procesos y acciones que se realizan en este establecimiento, así como contar con una herramienta que permita de forma más simplificada, resguardar la información generada y con ello, realizar las tomas de decisiones de forma más oportuna y eficiente. Además, esta propuesta tecnológica permitirá optimizar la operatividad del negocio, a fin de que este pueda ser más competitivo a través de la implementación de innovaciones tecnológicas.

Materiales y métodos

La propuesta para la creación del software surge por la necesidad que prevalece en la estética y el deseo del propietario de alcanzar objetivos que permitan mejorar el servicio de atención a la clientela. Como primera instancia se elaboró un prototipo, el cual se adaptó a la metodología de prototipos de Camargo *et al.*, (2022) denominado design thinking para satisfacer las necesidades del dueño (empresario) de manera clara y que despejara las dudas en cuanto a los objetivos del sistema. Por otra parte, de acuerdo con lo señalado por Pressman (2010), se realizó la planeación de forma rápida desarrollando una iteración para hacer el prototipo y posteriormente se llevó a cabo el modelado en forma de un diseño rápido.

La planeación rápida se enfocó en la representación de aquellos aspectos del software, como la visibilidad para los usuarios: disposición de la interfaz humana o formatos de la pantalla de salida. Posteriormente, la propuesta del diseño o planeación rápida (construcción de un prototipo) debe ser entregada y evaluada por los participantes, quienes deben hacer una retroalimentación con el fin de mejorar los requerimientos. La iteración es realizada a medida que el prototipo es afinado, con el objetivo de satisfacer las necesidades de los participantes, permitiendo una adecuada comprensión.

Antes de dar a conocer el prototipo en el sitio web, se realizaron dos entrevistas con el cliente (empresario). La primera consistió en una entrevista con el cliente, para conocer sus procesos cotidianos: demanda y necesidades que se solventarán mediante el uso del software como:

- Automatización para la recepción de servicios.
- Agendar citas.
- Recolectar información de cada uno de los clientes.
- Reportes de abonos y cobros.

En una segunda entrevista con el cliente, se presentaron otras funciones con las que contaría el sistema, entre las cuales se determinó que se incluiría:

- Agregar más usuarios dentro del sistema.

Debido al corto tiempo, se decidió realizar un prototipo sencillo, el cual cumpla solo con las necesidades principales que se establecieron en las primeras entrevistas, optando por un sistema fácil de utilizar, aplicando colores agradables acorde al tipo de negocio y utilizando letras legibles, todo esto, solicitado por el cliente.

Para el modelado del diseño de la base de datos se optó por la herramienta MySQL Workbench, posteriormente, la creación de la base de datos en MySQL en conjunto con el paquete de software libre XAMPP (Ver figura 1).

Figura 1. *Diseño de la base de datos.*

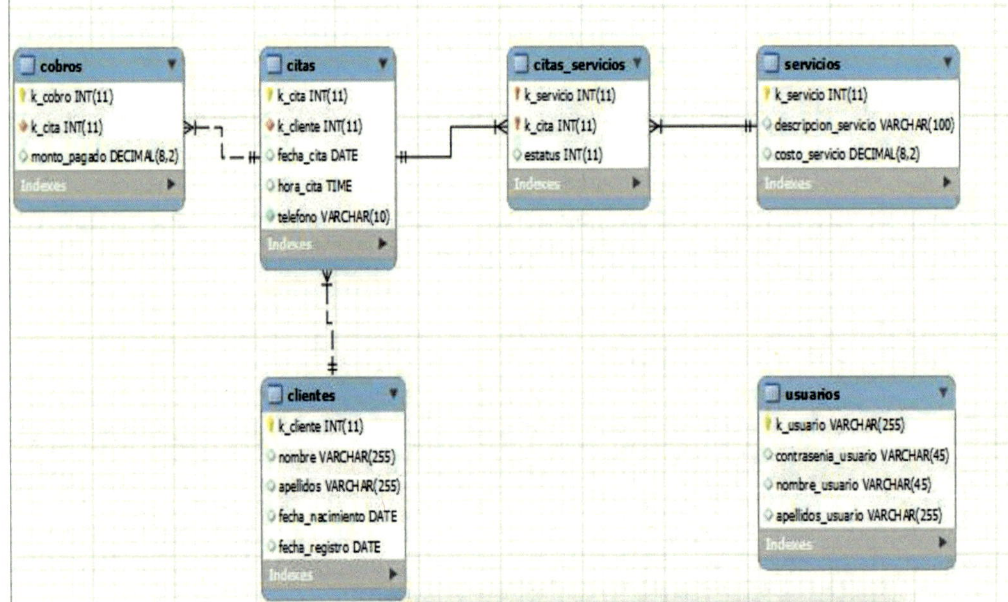

Para la construcción del prototipo del sistema, se optó por la herramienta de desarrollo XAMPP, para la administración de la base de datos se utilizó MySQL Worbench, debido a que es un servidor independiente de plataforma y software libre, que consiste principalmente en la base de datos MySQL; XAMPP igual cuenta con otras opciones como, el servidor Web Apache y los intérpretes para lenguajes de script: PHP y Perl. Actualmente, XAMPP está disponible para Microsoft Windows, GNU/Linux, Solaris y macOS X.

El contenido principal de la página web se definió a través del lenguaje HTML, este utiliza etiquetas para marcar el texto, imágenes y otros elementos en la página. De igual manera se utilizó CSS para controlar el aspecto y el diseño de la página web. Nos permitió definir el color, la fuente, el tamaño, el espaciado y otros aspectos de presentación, también el JavaScript, que es un lenguaje de programación que permite la interactividad en las páginas web. Puede usarse para crear efectos visuales, validar formularios, cargar contenido dinámicamente y más.

Como último paso se realizó la entrega e implementación del prototipo en el estudio de belleza "Solo con cayax", en el cual se realizó una capacitación rápida sobre el uso correcto del sistema, y comentar sobre privilegios con los que cuenta el administrador y la funcionalidad del software. Una vez implementado el sistema de información, se escucharon ideas por parte del cliente, sobre funciones que posteriormente le gustaría que incluyera el sistema, sin embargo, formarán parte de una segunda versión.

Resultados y Discusión

Se elaboró el software empleando la herramienta XAMPP, en la pantalla de inicio se visualiza el servicio que ofrece, que da la opción de ingresar al sistema, el menú se localiza en la parte superior con todas las funciones que puede realizar el usuario (Ver figura 2).

Figura 2. *Pantalla de inicio.*

Posteriormente se cuenta con un apartado de registro de todos los servicios, los cuales el cliente puede elegir, después se registrará un identificador, el nombre del servicio y sus costos. La ventaja del software es que cuenta con las opciones, de modificar y eliminar cada servicio si así lo decide el cliente (Ver figura 3).

Figura 3. *Pantalla para registrar los servicios.*

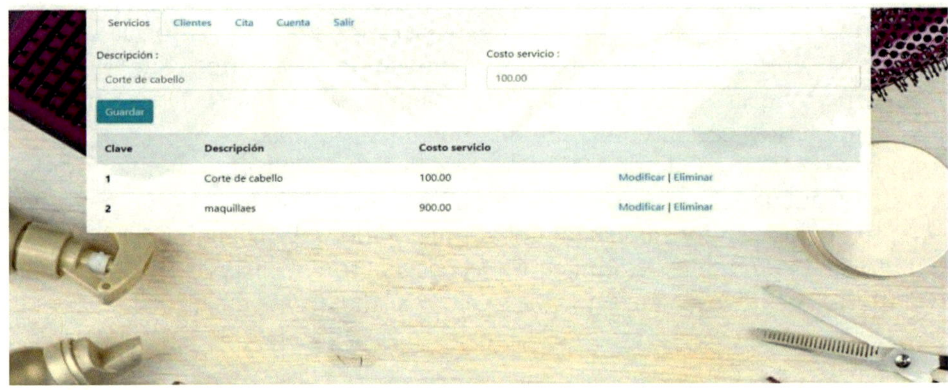

El software permite llevar el control de los clientes, mediante el registro. Además, tiene la capacidad de guardar el número de clientes por fecha y hora mediante la solicitud de información personal (Ver figura 4).

Figura 4. *Pantalla para registrar a los clientes.*

Otra ventaja del software es el registro de las solicitudes y fechas de citas, así como los servicios que demanda la clientela (Ver figura 5).

Figura 5. Pantalla para registrar las citas de los servicios

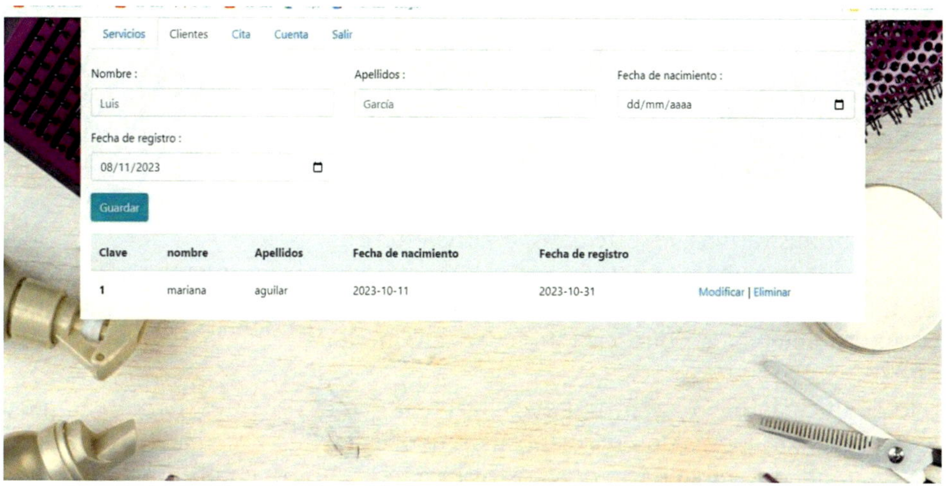

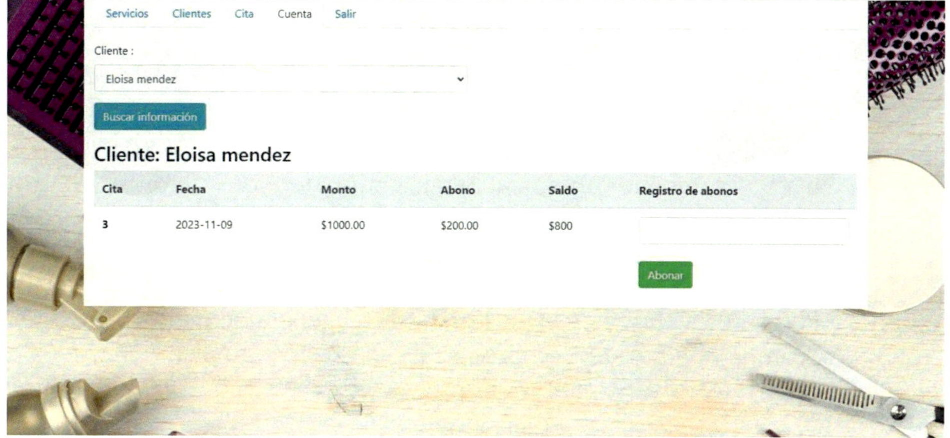

En la siguiente ventana se visualiza el apartado donde se realiza el cobro o abono del servicio, así como el monto a pagar y los abonos previos ya ingresados; los datos muestran el total restante (Ver figura 6).

Figura 6. Pantalla para realizar abonos o liquidar los servicios.

Al desarrollar la página WEB, se observa la fusión de la tecnología en pequeños negocios como el uso en "solo con Cayax", este tiene un impacto significativo en las organizaciones y en los procesos. Por otra parte, al automatizar los métodos de pago, citas, servicio, disminuirán o eliminarán los errores, pudiendo mejorar la experiencia para el personal/cliente. Además, con las herramientas como Mysql, HTML, CSS, se demuestra que se puede construir soluciones eficientes utilizando software y que en unos años se puede ampliar el sistema en cuestión de marketing, entre otros. Esto haría crecer más la empresa tanto en la parte interna como externa, así tener mejores relaciones con los clientes. Sin embargo, Esneca (13 de junio de 2024) asegura que la creación de software de estética tiene ventajas, pero presenta desafíos como: costos de desarrollo y mantenimiento elevados, dependencia del proveedor, y la necesidad de un soporte especializado. Además, la implementación puede ser lenta y la modificación o adaptación a necesidades específicas limitada. Esto concuerda con Duna (2024), quien menciona que se requieren y recomienda creaciones de software híbridos.

Conclusión

La creación del software es desarrollar e implementar un sistema de información que automatice algunos procesos administrativos, en este caso, en una estética.

Por lo que, teniendo en cuenta el entorno en el que vivimos y la competencia que existe, se deben considerar algunas opciones tecnológicas para darle solución a los problemas que tiene la empresa "solo con cayax" y además porque está ubicada en un lugar donde hay un entorno bastante competitivo.

El desarrollo de una página WEB promueve el acercamiento a clientes, debido a que actualmente la mayoría de las personas cuenta con un dispositivo que les facilita acceder a páginas web y además porque se trata de un medio publicitario con costos bastante bajos que permiten generar información valiosa para la empresa, como lo son bases de datos de clientes.

La metodología empleada fue adecuada debido al corto tiempo para desarrollar el prototipo, sin embargo, dicha metodología se encuentra con pasos bien estructurados para realizar el software.

Gracias a los conocimientos adquiridos y la información recolectada, se ha logrado saber formas o métodos fáciles para realizar algunos procesos en cuanto al desarrollo web, quedando como conocimiento principal que el cliente es quien debe proporcionarnos sus ideas y necesidades respecto al sistema web, para así estar en constante actualización.

Referencias

Abrego Almazán, D., Medina Quintero, J.M. y Sánchez Limón, M.L. (2015). Los sistemas de información en el desempeño organizacional: un marco de factores relevantes. *Revista Investigación Administrativa*, 44(115), 7-23. https://www.redalyc.org/pdf/4560/456044958001.pdf

Ahumada Tello, E. y Perusquia Velasco, J.M.A. (2016). Inteligencia de negocios: Estrategia para el desarrollo de competitividad en empresas de base tecnológica. *Revista Contaduría Y Administración*, 61(1), 127–158. https://www.scielo.org.mx/scielo.php?pid=S0186-10422016000100127&script=sci_abstract

Ahmad Khder, M. (2023). Web Scraping or Web Crawling: State of Art, Techniques, Approaches and Application. Advance Soft Compu, 13(3). https://ijasca.zuj.edu.jo/PapersUploaded/2021.3.11.pdf

Albertin, A.L. & de Moura Albertin, R.M. (2008). Benefícios do uso de tecnologia de informação para o desempenho empresarial. *Revista de Administração Pública*, 42 (2), 275-302. http://dx.doi.org/10.1590/S0034-76122008000200004

Albós Raya, A. (2019). Introducción a los sistemas de información en las organizaciones. *El encargo y la creación de este recurso de aprendizaje UOC h.* https://openaccess.uoc.edu/bitstream/10609/148041/2/IntroduccionALosSistemasDeInformacionEnLasOrganizaciones.pdf

Berman, S.J. (2012). Digital transformation: Opportunities to create new business models. *Strategy & Leadership Journal*, 40(2), 16-24.
http://dx.doi.org/10.1108/10878571211209314

Bojar, W., Sikora, M., & Dzieża, G. (2018, 23 of November). Current challenges of agricultural business against farming economic efficiency and sustainable development. In [First Edition, pp. 917-923]. Rural development 2017: Bioeconomy challenges. [8th International Scientific Conference, 23-24 November 2017], Akademija, Aleksandras Stulginskis University.
https://doi.org/10.15544/RD.2017.137

Briano, C.A. (2023). Conceptos fundamentales de ingeniería de software. En compilación de apuntes sobre conceptos fundamentales de la ingeniería de software: con una visión orientada a proyectos vinculados con las Ciencias Económicas. [2da. Edición, pp. 8-23]. Facultad de Ciencias Económicas de la UBA.
http://bibliotecadigital.econ.uba.ar/download/libros/Briano_compilacion_apuntes.pdf

Cala Pérez, M., Rodríguez Pérez, I., Cala Hermosilla, M. y Garzón González, E. (2024). Software educativo para la asignatura Estratificación de Riesgos. *Centro Provincial de Ciencias Médicas, 28*(2). https://www.redalyc.org/journal/3684/368477856016/368477856016.pdf

Calzada, L. y Abreu, J. (2009). El impacto de las herramientas de inteligencia de negocios en la toma de decisiones de los ejecutivos. *DAENA: International Journal of Good Conscience*, 4(2), 16-52.
https://issuu.com/gersonvillagonzalez/docs/2.-_sistemas_heredados

Camargo Abril, J.C., Cruz González, J.P. y Castiblanco, J.I.A. (2022). Desarrollo del prototipo de un software de acuerdo con la metodología *"Design Thinking"* para la estandarización del proceso logístico no aeronáutico del nivel táctico en la Fuerza Aérea Colombiana. *Revista Ciencia y Poder Aéreo*, 17(2), e754.
https://doi.org/10.18667/cienciaypoderaereo.754

Cordero Guzmán, D. y Rodríguez López, G. (2017). La inteligencia de negocios: una estrategia para la gestión de las empresas productivas. DAENA: *Revista Ciencia Unemi*, 10(23), 40-48.
https://www.redalyc.org/journal/5826/582661260004/582661260004.pdf

Duna. (2024). Tipos de software para salones de belleza y cuál es el mejor.
https://www.dunasoftpc.com/tipos-de-software-para-salones-de-belleza-y-cual-es-el-mejor/

Equipo de Enciclopedia Significados. (2025). Software. *Tecnología e Innovación*.
https://www.significados.com/software/

Esneca (2024). Ventajas y desventajas del SAP. ¿Merece la pena? Tomado de programas informáticos.
https://www.esneca.com/blog/ventajas-desventajas-sap/#:~:text=No%20obstante%2C%20tambi%C3%A9n%20podemos%20encontrar,personal%20especializado%20en%20su%20uso.

Fernández Fernández, G. (2015). Introducción, terminología y objetivo. En elementos de sistemas operativos, de representación de la información y de procesadores de hardware y software. [1ra. Edición, pp. 1-14]. Universidad Politécnica de Madrid.
https://oa.upm.es/36552/1/SORYP.pdf

García Jiménez, A.J., Aguilar Morales, N., Hernández Triano, L. y Lancaster Díaz, E. (2021). La inteligencia de negocios: herramienta clave para el uso de la información y la toma de decisiones empresariales. *Revista de Investigaciones*, 33(1), 132-139. http://dx.doi.org/10.33975/riuq.vol33n1.514

García Meraño, F. (2015). Los primeros tiempos del software (Primera Parte). *Revista Actas*, 5, 51-62. https://www.acta.es/medios/articulos/informatica_y_computacion/052051.pdf

Kim, J.K., Xiang, J.Y. & Lee, S. (2009). The impact of IT investment on firm performance in China: An empirical investigation of the Chinese electronics industry. *Technological Forecasting & Social Change Journal*, 76(5):678-687. http://dx.doi.org/10.1016/j.techfore.2008.03.008

Martínez Zabaleta, M.E. y Rodríguez Luna, R.E. (2023). Inteligencia empresarial y su rol en la generación de valor en los procesos de negocios. *Revista Tendencias*, 24(1), 226-251. http://dx.doi.org/10.22267/rtend.222302.222

Medina Quintero, J.M., Garza Ramos, M.I. y Jiménez Almaguer, K.P. (2011). Competencia empresarial con el uso de la información y la tecnología. *Revista Investigación Administrativa*, 40(108), 7-17. https://www.scielo.org.mx/scielo.php?script=sci_arttext&pid=S2448-76782011000200007

Mejía García, D., & Acosta Pérez, B. (2019). Avances tecnológicos modernos y sus implicaciones. *AULA Revista de Humanidades y Ciencias Sociales.*, 5(65), 29-37. http://dx.doi.org/2636.2236/AULA.2019.012

Newman Escuela de posgrado. (2025). ¿Qué es el software? Significado y elementos de diferentes tipos. https://www.epnewman.edu.pe/revista/ingenieria/que-es-software/#:~:text=Origen%20e%20historia%20del%20software,en%20la%20actualidad%20contin%C3%BAan%20evolucionando.

Pérez Gómez, S. (2023). Introducción: ¿Qué es el software? Academia. https://www.academia.edu/42692187/TEMA_1_INTRODUCCI%C3%93N_1_1_QU%C3%89_ES_EL_SOFTWARE

Pressman, Ph.D., R. (2010). Ingeniería del software: un enfoque práctico. *Ingeniería del software* , 01-765. https://apps.utel.edu.mx/recursos/files/r161r/w25309w/Libroingenieria.PDF

Proaño Castro, M.F., Orellana Contreras, S.Y. y Martillo Pazmiño, I.O. (2018). Los sistemas de información y su importancia en la transformación digital de la empresa actual. *Revista Espacios*, 39(45), 3-6. https://www.revistaespacios.com/a18v39n45/a18v39n45p03.pdf

Rai, A., Patnayakuni, R., Seth, N. & Patnayakuni, N. (2006). Firm performance impacts of digitally enabled supply chain integration capabilities. *MIS Quarterly Journal*, 30, 225-246. http://dx.doi.org/10.2307/25148729

Sánchez, V.H. y Zambrano Mendoza, J.L. (2019). Adopción e impacto de las tecnologías agropecuarias generadas en el Ecuador. *Revista La Granja*, 30(2), 28-39.

http://scielo.senescyt.gob.ec/scielo.php?script=sci_arttext&pid=S1390-85962019000200028

Santander Universidades. (30 de septiembre de 2022). ¿Qué es el software' ejemplos, definición y tipos? Blog: Aprende más sobre Santander Open acces. https://www.santanderopenacademy.com/es/blog/que-es-software-y-ejemplos.html

Schwertner, K. (2017). Digital transformation of business. *Trakia Journal of Sciences*, 15(1), 388-393. https://www.semanticscholar.org/reader/51bb4fd609d174438fb8911f283d48d34ef1e894

Slavova, M. (2016). Digital business transformation. *Ikonomiceski i Sotsialni Alternativi*, (4), 142-149. https://econpapers.repec.org/article/nweiisabg/y_3a2016_3ai_3a4_3ap_3a142-149.htm

Sommerville, I. (2011). Introducción a la ingeniería de software. En Ingeniería de software. [9na. Edición, pp. 3-13]. Pearson Educación de México, S.A. de C.V. https://gc.scalahed.com/recursos/files/r161r/w25469w/ingdelsoftwarelibro9_compressed.pdf

Thatcher, M.E. & Pingry, D.E. (2004). An economic model of product quality and IT value. *Information Systems Research*, 15(3):268-286. http://dx.doi.org/10.1287/isre.1040.0029

Torres, D., Chen, D., & Villavicencio , M. (2022). Towards a Theory of Interoperability of Software Systems. *Ingeniería e Investigación*. Obtenido de https://www.redalyc.org/journal/643/64379917011/

Ynzunza Cortés, C.B. e Izar Landeta, J.M. (2013). Efecto de las estrategias competitivas y los recursos y capacidades orientados al mercado sobre el crecimiento de las organizaciones. *Revista Contaduría y Administración*, 58(1), 169-197. https://www.redalyc.org/pdf/395/39525580008.pdf

Vidal, M. y Amor, J.J. (2010). Historia del software libre: Movimientos Open Access. *Revista GSyC*, 1-64. https://gsyc.urjc.es/~mvidal/docs/FLOSS_history.pdf

Vieira Ferreira, R. & Mussi Szabo Cherobim, A.P. (2012). Impacto dos investimentos em TI no desempenho organizacional de empresas de panificação de minas gerais: Estudo multicaso. *Revista de Administração e Contabilidade da Unisinos*, 9(2), 147-161. doi: 10.4013/base.2012.92.04

Villacreses Quevedo, J.G. y Vite Cevallos, H. (2021). Influencia del uso de software de inteligencia de negocios en empresas bananeras de la ciudad de Machala provincia El Oro. *Revista Metropolitana de Ciencias Aplicadas*, 4(1), 41-47. https://www.redalyc.org/pdf/7217/721778108006.pdf

Capítulo 5

Diseño de un emprendimiento de un sistema de información para una clínica veterinaria

Emmanuel González Chan[1], Jorge Víctor Hugo Mendiola Campuzano[2], Heradia Pascual Cornelio[3], Alejandro Alpuche Palma[4].

Resumen

El presente trabajo muestra el diseño de un sistema de información para la clínica veterinaria "Animalitos", ubicada en Balancán, Tabasco, México. Actualmente, dicha clínica gestiona sus procesos de manera manual, lo cual limita la eficiencia en el control de pacientes, inventarios y servicios. Ante esta problemática, se propone el desarrollo de un sistema digital que automatice los procesos administrativos y clínicos de la veterinaria, incluyendo: registro de pacientes y sus historiales médicos, gestión de citas y servicios, control de inventarios, registro de ventas y compras
Para el desarrollo del sistema se empleó la metodología en cascada, siguiendo fases secuenciales de análisis, diseño, codificación, pruebas y mantenimiento. Se usaron Visual FoxPro para la creación de interfaces y MariaDB para la gestión de bases de datos, con una arquitectura cliente-servidor en red local. El sistema resultante permite un acceso más organizado, eficiente y automatizado a la información, lo cual mejora el servicio al cliente, facilita la toma de decisiones y optimiza los recursos de la clínica.

Palabras clave: sistema de información, clínica veterinaria, gestión de datos, metodología en cascada, software veterinario.

.

[1] gonzalezemmanuel517@gmail.com.   https://orcid.org/0009-0009-6869-310X. División Académica Multidisciplinaria de los Ríos de la Universidad Juárez Autónoma de Tabasco, Tenosique, Tabasco, México.

[2] jorge.mendiola@ujat.mx. https://orcid.org/0000-0001-8043-0315. División Académica Multidisciplinaria de los Ríos de la Universidad Juárez Autónoma de Tabasco, Tenosique, Tabasco, México.

[3] heradia@hotmail.com. https://orcid.org/0000-0003-1624-0685. División Académica Multidisciplinaria de los Ríos de la Universidad Juárez Autónoma de Tabasco, Tenosique, Tabasco, México.

[4] jalejandro.alpuche@ujat.mx. https://orcid.org/0000-0003-2447-0966. División Académica Multidisciplinaria de los Ríos de la Universidad Juárez Autónoma de Tabasco, Tenosique, Tabasco, México.

Introducción

En la época actual que está viviendo la humanidad, se caracteriza por el intenso empleo de la información y el conocimiento en las organizaciones y, en general, en la sociedad, lo que ha conllevado a un nuevo contexto mundial, el cual se viene definiendo mediante fenómenos como la Nueva Economía, la Economía Digital o la Sociedad del Conocimiento. Aunado a lo anterior, la globalización, la desaparición de los viejos monopolios, así como la intensificación de la competitividad, han hecho posible el acceso a nuevos mercados, en un entorno cada vez más cambiante, lo cual involucra mayores procesos de aprendizaje, así como la adaptabilidad continua al cambio (Gómez y Suárez, 2010).

De este modo, el nuevo contexto organizacional está definido por los cambios discontinuos y esenciales, lo que demanda respuestas rápidas y estratégicas para adaptarse y anticiparse a los cambios continuos, mediante un proceso de acción y creación basado en el conocimiento, donde los Sistemas de Información han sido la base para este logro (Gorla *et al.*, 2010; Pastor y Elias, 2014).

Así, en la Sociedad de la Información y la Era de Internet, los mercados son más cambiantes, dando como consecuencia el desarrollo de los mercados competitivos, en donde los clientes están más informados y, por tanto, son más exigentes, ya que en la actualidad solicitan todo tipo de información de la empresa, sus productos y/o servicios, por lo que se demandan soluciones personalizadas y adaptadas a las necesidades del cliente (Bernardi y Dranca, 2020).

Por tanto, los sistemas de información permiten crear una comunicación directa entre las organizaciones y sus clientes, desde cualquier parte del mundo y en todo momento, por lo cual se ofrece un servicio ininterrumpido y con alcance mundial. Esta interacción entre las empresas y el consumidor, conlleva a la personalización de productos y servicios, así como la participación activa del propio cliente, a fin de mejorar el producto o servicio para producir una mayor satisfacción; con ello, las organizaciones ahorran costos, ya que el mismo cliente es el mismo orientador que facilita el trabajo para la organización (outsorcing), por lo que el cliente se encuentra más satisfecho y valoriza positivamente su relación con la empresa (Calzada y Abreu, 2009; Medina *et al.*, 2012; Proaño *et al.*, 2018).

Es así como, en esta nueva era, está influenciada por la inclusión de los Sistemas de la Información, siendo estas nuevas tecnologías las que hacen posibles los cambios que se vienen presentando en el mundo actual. En el entorno organizacional, estos cambios han sido más evidentes, ya que mediante una adecuada gestión de la información y del conocimiento, se posibilita la innovación, el desarrollo de nuevos productos o servicios, se optimiza el uso de los recursos, la calidad del servicio, así como la toma de decisiones, factores que condicionan en que la organización compita exitosamente (Abrego *et al.,* 2015; Plúa *et al.,* 2019).

Con ello, el rol que desempeñan los Sistemas de Información vienen experimentando un cambio profundo, ya que en sus inicios eran solo consideradas como simples herramientas de tratamiento de datos y en el mundo actual, se han convertido en el eje central que incide en las funciones y operatividad de toda organización, tanto de forma interna, así como en las relaciones con su entorno, clientes, proveedores, administración y la propia sociedad (Albertin y De Moura, 2008; Medina *et al.,* 2011; Domínguez, 2012).

Particularmente, la clínica veterinaria denominada "Animalitos" realiza el registro de las mascotas, ventas de medicamentos y control clínico de forma manual, registrando todos los procesos en hojas blancas, las cuales se organizan en folder, mientras que los cobros de consultas y medicamentos se registran en libreta. Aunado a ello, no se cuenta con una lista de inventario, lo cual dificulta conocer con exactitud las existencias de productos y las utilidades generadas. Así mismo, no se cuenta con una agenda digital de clientes, lo que dificulta conocer el nombre de cada mascota y de sus propietarios y, por tanto, no se cuenta con un control y seguimiento de citas. Por ello, existe la necesidad de desarrollar una interfaz que permita administrar y automatizar la información con la finalidad de automatizar la operatividad del negocio, contar con un sistema de inventario automatizado y tener un control de los ingresos y egresos, además de facilitar los registros y seguimientos de los procesos para captar la información generada y mejorar su funcionamiento.

Por tanto, con base a los problemas identificados en la clínica veterinaria antes citada, se propone un Sistema de Información que permita el registro y control de los expedientes clínicos de cada una de las mascotas de los clientes, contar con una agenda digital de clientes y proveedores, contar con el control de compras, ventas e inventarios, así como el almacenamiento y búsqueda de información que permita realizar las mejoras adecuadas para mejorar los productos y servicios que se ofrecen. Para su creación, se propuso la utilización para el diseño de las interfaces del usuario de Visual FoxPro, mientras que para la administración de la base de datos se convino en el empleo de MariaDB, en una arquitectura de dos capas bajo la plataforma cliente-servidor distribuida en una red de área local.

Materiales y métodos

Se analizaron con detalle las necesidades en los servicios que requiere la veterinaria Animalitos en el municipio de Balancán, Tabasco, México, ubicada entre los paralelos 17°48' de latitud norte y 91°32' de longitud oeste, con una temperatura ambiental promedio mínima anual de 27°C y promedio máximo anual de 36°C (INEGI, 2025).

Gestiones de servicios que requiere la veterinaria Animalitos en Balancán, Tabasco.
Para mejorar los servicios que ofrece la veterinaria, se aplicó la metodología de Gómez (2019) que aborda las gestiones: gestión de datos de pacientes (mascotas) y clientes, gestión de citas, gestión de servicios y procedimientos, gestión de inventarios, creación de informes e interfaz de usuario, el cual se modificó de acuerdo a la propuesta del sistema de información considerando para tener registro en base de datos que faciliten la información de cada paciente: sexo, edad, raza, sintomatología, enfermedad, medicamento entre otras. Se recurrió a la elaboración de la metodología de Waterfall o de cascada (sistema de información).

Elaboración de la metodología de cascada en el desarrollo de software.
La metodología se remonta al año 1970, Winston Waterfall. Royce adaptó la idea y la presentó en su artículo "Gestionando el desarrollo de grandes sistemas de software". (AGENCY, 2018). El modelo es considerado el enfoque clásico para el ciclo de vida del desarrollo de sistemas, que implica el desarrollo rígido y lineal (Medium, 2018). Para la elaboración del sistema de información se consideraron las fases que se muestran en la figura 1.

Se caracteriza por un enfoque lineal y secuencial en el desarrollo de proyectos, dividido en cinco fases; la ventaja de cada fase es que se completa antes de pasar a la siguiente, asegurando un flujo ordenado y estructurado.

1. ***Análisis:*** Durante esta fase se reúnen todos los requisitos que debe cumplir el software; asimismo, en esta etapa es fundamental la presencia del cliente que documenta y repasa dichos requisitos. En esta fase es crucial comprender el ámbito de la información del software, su función y las interfaces requeridas (Medium, 2018).
2. ***Diseño del sistema:*** En esta fase también se establece la arquitectura completa del sistema realizado en el cual se describen las diferentes partes que deben formar el producto o el servicio final (AGENCY, 2018).
3. ***Creación de códigos:*** Se ejecuta el software como un conjunto o unidad de programas para verificar que cada unidad cumpla con su especificación (AGENCY, 2018).
4. ***Pruebas:*** Esta etapa se centra en los procesos lógicos internos del desarrollo del software, asegurando así todas las sentencias que se han comprobado, y en la detección de errores (Medium, 2018).
5. ***Mantenimiento:*** Se instala el sistema y se pone en marcha. A partir de este punto, el desarrollo se centra en la corrección de errores no descubiertos en las etapas anteriores, en mejorar el sistema y adaptar sus servicios si aparecen nuevos requerimientos (AGENCY, 2018).

Fase de Análisis

Se realizó el análisis de la viabilidad y la definición de los requisitos, evaluando los costos, la rentabilidad y la factibilidad del proyecto de software de acuerdo con la metodología de (Guide, 2019). Así mismo, se realizaron interrogativas como:

- ¿De qué manera se registran los datos de sus ventas?
- ¿Cómo le dan seguimiento al control de sus ventas?
- ¿Qué clase de problemas han surgido con la forma en que manejan sus registros?

Fase de Diseño

Se realizó el modelado del diseño de la base de datos con la ayuda del programa **Erwin Data Modeler** (Ver figura 2), ya que es una herramienta de software utilizada para el modelado de datos, que permite diseñar, visualizar y mantener estructuras de bases de datos complejas. Facilita la creación de modelos conceptuales, lógicos y físicos de datos, y es ampliamente utilizada en el ámbito empresarial para garantizar la integridad, calidad y consistencia de la información. Coronel, C., & Morris, S. (2018).

Figura 2: *Base de datos del sistema.*

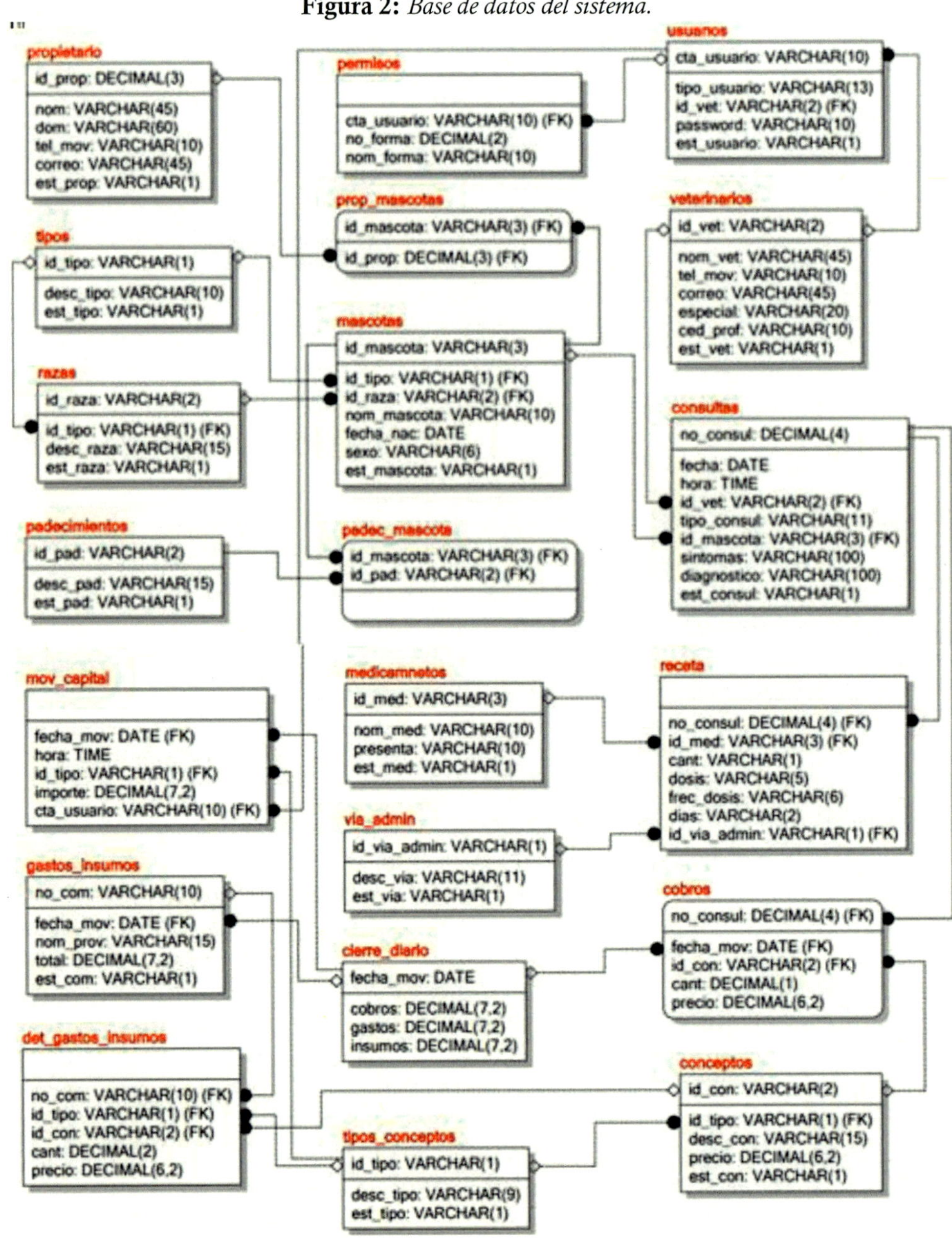

Resultados y discusión

La descripción de las acciones que se realizarán de acuerdo con los procesos que se han identificado.

Figura 3. *Pantalla de inicio de sesión*

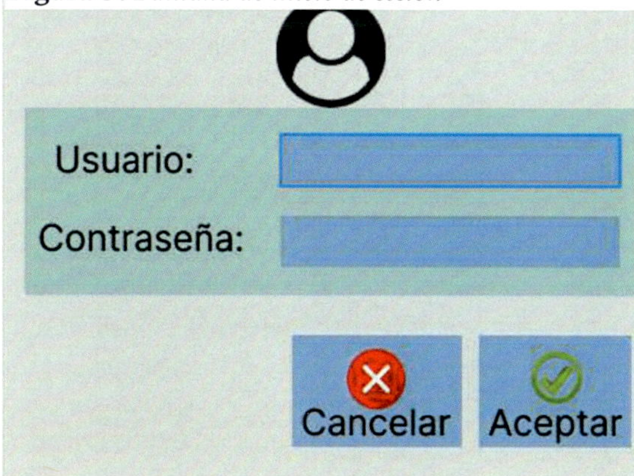

En la figura 3: pantalla de inicio de sesión, se muestra el resultado del diseño para la pantalla de inicio de sesión de usuario del sistema, siendo este el propietario o empleado, donde se pueden observar los elementos necesarios, como el usuario y la contraseña requeridos para obtener el acceso al sistema.

Figura 4. *Menú de inicio*

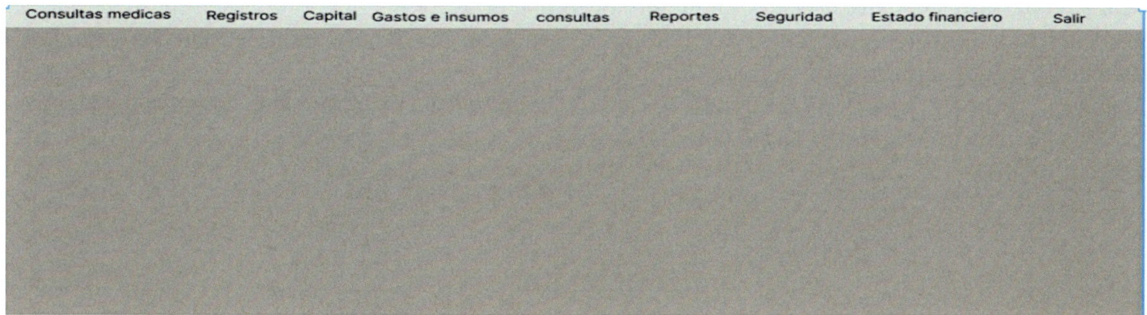

En la figura 4 se puede apreciar el menú de inicio, el cual se encuentra dividido en diferentes apartados como el registro de consultas médicas que se realizarán por día, registros, capital, gastos e insumos de todo el material existente y faltante.

Figura 5. *Ventas*

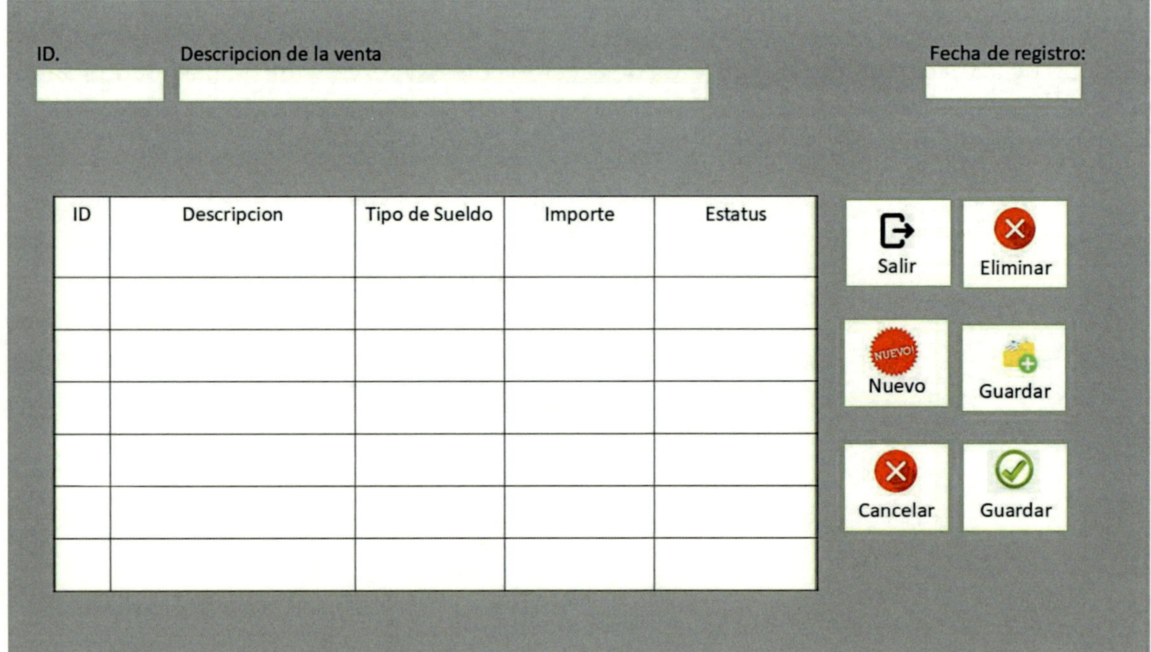

La figura número 5 fue diseñada para tener una descripción detallada de las ventas realizadas, la cual está dividida en Id: diseñado para registrar el número de venta, descripción del producto, importe donde se describe la cantidad del costo del artículo, Total: donde se especifica el importe total de todos los artículos, el estatus encargado de validar si la venta es utilizable para su registro y la fechas de registro: en este apartado se realiza un registró mediante las fechas donde se especificará la fecha en la que se realizó la venta. Así también se muestran los botones con las opciones de acciones que se pueden realizar con los registros almacenados.

Conclusión

El desarrollo del sistema de información para la clínica veterinaria "Animalitos" representa una solución efectiva ante las limitaciones que implica la gestión manual de sus procesos administrativos y clínicos. La implementación de este sistema digital automatiza funciones clave como el registro de pacientes y su historial médico, la gestión de citas, el control de inventarios y la administración de ventas y compras.

El uso de la metodología en cascada permitió una planificación estructurada y ordenada, asegurando que cada fase del desarrollo se completara con base en los requerimientos específicos de la clínica. La combinación de Visual FoxPro para el diseño de interfaces y MariaDB para la gestión de bases de datos posibilitó la creación de una herramienta funcional y accesible.

En definitiva, este sistema no solo mejora la eficiencia operativa de la clínica, sino que también contribuye a brindar un servicio de mayor calidad al cliente, optimizando la toma de decisiones y fortaleciendo la gestión de los recursos disponibles. Esta propuesta demuestra cómo la digitalización y el uso adecuado de la tecnología pueden transformar positivamente los procesos en pequeñas y medianas empresas del sector salud veterinaria.

Referencias

Abrego Almazán, D., Medina Quintero, J.M. y Sánchez Limón, M.L. (2015). Los Sistemas de Información en el desempeño organizacional: Un marco de factores relevantes. Revista Investigación Administrativa, 44(115), 7-23. https://www.redalyc.org/pdf/4560/456044958001.pdf

AGENCY, M. D. (2018). INTRODUCCIÓN AL MODELO WATERFALL (CASCADA). Obtenido de Tema 1: MODELO WATERFALL O EN CASCADA : https://www.dtagency.tech/cursos/metodologias_gestion_proyectos/tema_1-ModeloWaterfall.pdf

Albertin, A. & De Moura, R. (2008). Benefícios do uso de tecnologia de informação para o desempenho empresarial. Revista de Administração Pública, 42 (2), 275-302. https://www.redalyc.org/articulo.oa?id=241016450004

Bernardi, S. y Dranca, L.K. (2020). Sistemas de información para la dirección: un enfoque guiado por un caso de estudio. [2da. Edición, pp. 3-18]. Centro Universitario de la Defensa. https://zaguan.unizar.es/record/88358/files/BOOK-2020-024.pdf

Calzada, L. y Abreu, J.L. (2009). El impacto de las herramientas de inteligencia de negocios en la toma de decisiones de los ejecutivos. International Journal of Good Conscience, 4(2), 16-52. https://issuu.com/gersonvillagonzalez/docs/2.-_sistemas_heredados

Domínguez Coutiño, L.A. (2012). Análisis de sistemas de información. [1ra. Edición, pp. 9-17]. Red Tercer Milenio. https://www.aliat.click/BibliotecasDigitales/sistemas/Analisis_de_sistemas_de_informacion.pdf

García, M. (2017). La historia de la domesticación de los animales y su influencia en la medicina veterinaria. Médica Veterinaria.

Gómez Vieites, A. y Suárez Rey, C. (2010). Sistemas de información. Herramientas prácticas para la gestión. [3ra. Edición]. Alfaomega. https://omeka.urbeuniversity.edu/files/original/25e5ab57e792ee30a3dcc4bff2c3af6e2863383e.pdf

Gorla, N., Somers, T. & Wong, B. (2010). Organizational impact of system quality, information quality, and service quality. Journal of Strategic Information Systems, 19, 207-228. https://www.sciencedirect.com/science/article/abs/pii/S0963868710000181

Guide, I. D. (21 de marzo de 2019). El modelo en cascada: desarrollo secuencial de software. Obtenido de El modelo en cascada: desarrollo secuencial de software: https://www.ionos.mx/digitalguide/paginas-web/desarrollo-web/el-modelo-en-cascada/

La Rosa Villasmil Héctor David. (2004). Propuesta de diseño de un sistema de información para el seguimiento de ventas para una industria manufacturera. Tesis de especialidad en sistemas de información. Universidad Católica Andrés Bello. pag. 66. chrome-extension://efaidnbmnnnibpcajpcglclefindmkaj/http://biblioteca2.ucab.edu.ve/anexos/biblioteca/marc/texto/AAQ1743.pdf

Martínez, A., & López, P. (2018). Gestión administrativa en clínicas veterinarias: Retos y soluciones. Journal of Veterinary Administration, 15(2), 45-60.

Medina Quintero, J.M., Lavín Verástegui, J. y Pedraza Melo, N.A. (2012). Seguridad en la administración y calidad de los datos de un sistema de información contable en el desempeño organizacional. Revista Contaduría y Administración, 57(4), 11-34. https://www.scielo.org.mx/scielo.php?script=sci_arttext&pid=S0186-10422012000400002

Medina Quintero, J.M., Garza Ramos, M.I. y Jiménez Almaguer, K.P. (2011). Competencia empresarial con el uso de la información y la tecnología. Revista Investigación Administrativa, 40(108), 7-17. https://www.scielo.org.mx/scielo.php?script=sci_arttext&pid=S2448-76782011000200007

Medium. (08 de abril de 2018). Ingeniería del Software. Obtenido de Metodología Cascada: https://medium.com/@raquelbrull/metodolog%C3%ADa-cascada-f114683031e9#:~:text=Ejemplo%20Pr%C3%A1ctico.,sistema%20deber%C3%A1%20permit ir%20eliminar%20contactos.

Pastor Collado, J.A. y Elías Vila, E. (2014). Tipologías de sistemas de información. [1ra. Edición, pp. 2-46]. Universitat Oberta de Catalunya. https://openaccess.uoc.edu/bitstream/10609/140690/2/Dise%C3%B1o%20y%20arquitect ura%20de%20sistemas%20de%20informaci%C3%B3n_M%C3%B3dulo%20did%C3%A1ctic o%202_Tipolog%C3%ADas%20de%20sistemas%20de%20informaci%C3%B3n.pdf

Pérez, R. (2019). Innovación tecnológica en clínicas veterinarias: De lo manual a lo digital. Revista Veterinaria Moderna, 22(3), 123-135.

Plúa, D., Ortega, B., Núñez, C., Villacrés, O., Chango, W., Sayago, J., Quiñonez, V. y Jácome, L. (2019). Organizaciones y Sistemas de Información. (G. Pizarro Vásquez, Coordinador). [1ra. Edición]. Universidad Politécnica Salesiana. https://dspace.ups.edu.ec/bitstream/123456789/19048/1/ORGANIZACIONES%20SOB RE%20SISTEMAS%20DE%20INFORMACI%C3%93N.pdf

Proaño Castro, M.F., Orellana Contreras, S.Y. y Martillo Pazmiño, I.O. (2018). Los sistemas de información y su importancia en la transformación digital de la empresa actual. Revista Espacios, 39(45), e3. https://www.revistaespacios.com/a18v39n45/a18v39n45p03.pdf

Tome. (22 de enero de 2024). Cómo crear una propuesta de diseño convincente. ttps://tome-app.translate.goog/blog/how-to-create-a-compelling-design-proposal?_x_tr_sl=en&_x_tr_tl=es&_x_tr_hl=es&_x_tr_pto=sge&_x_tr_hist=true

Sánchez, L. (2020). La automatización en la gestión de clínicas veterinarias: un análisis de las ventajas y desventajas. Tecnología y Salud, 19(4), 67-80.

Valencia Diego. (19 de febrero de 2023). Cinco herramientas digitales clave para veterinarios. https://web.recorvet.com/2023/02/19/cinco-5-herramientas-digitales-clave-para-veterinarios/#:~:text=Sistemas%20de%20informaci%C3%B3n%20cl%C3%ADnica%20(CIS)&text=Estos%20sistemas%20permiten%20a%20los,de%20laboratorio%20y%20procedimien tos%20quir%C3%BArgicos.

Capítulo 6

Emprendimiento tecnológico de un software para optimizar los procedimientos en una empresa de alimentos

Pedro Javier Gómez Sánchez[1], Alejandro Alpuche Palma[2], Heradia Pascual Cornelio[3], Jorge Víctor Hugo Mendiola Campuzano[4].

Resumen

El presente trabajo expone una propuesta de diseño de un sistema de información orientado a mejorar la gestión de ventas en el establecimiento "Súper tortas Sagundo", ubicado en Tenosique, Tabasco, México. A pesar del crecimiento sostenido y la popularidad alcanzada por el negocio a lo largo de los años, se han identificado deficiencias significativas en el registro y control de las ventas, lo cual repercute negativamente en su operatividad y en la calidad de atención al cliente. La propuesta fue desarrollada utilizando la metodología de cascada, considerando exclusivamente las fases de análisis y diseño. Para tal fin, se recopiló información mediante encuestas aplicadas al personal, se diseñaron interfaces utilizando el software Visual FoxPro y se llevó a cabo el modelado de la base de datos empleando la herramienta Erwin Data Modeler. Como resultado, se concluye que la implementación de un sistema de información de estas características puede incrementar significativamente la eficiencia operativa del negocio, al facilitar la toma de decisiones, optimizar el control de inventario y mejorar la calidad del servicio, fortaleciendo así la competitividad de la empresa en el mercado local.

Palabras clave: Sistema de Información, Gestión, Ventas, Registro, Eficiencia.

[1] karenroi669@gmail.com. https://orcid.org/0009-0001-2957-0926. División Académica Multidisciplinaria de los Ríos de la Universidad Juárez Autónoma de Tabasco, Tenosique, Tabasco, México.
[2] alejandro.alpuche@ujat.mx. https://orcid.org/0000-0003-2447-0966. División Académica Multidisciplinaria de los Ríos de la Universidad Juárez Autónoma de Tabasco, Tenosique, Tabasco, México.
[3] heradia@hotmail.com. https://orcid.org/0000-0003-1624-0685. División Académica Multidisciplinaria de los Ríos de la Universidad Juárez Autónoma de Tabasco, Tenosique, Tabasco, México.
[4] jorge.mendiola@ujat.mx. https://orcid.org/0000-0001-8043-0315. División Académica Multidisciplinaria de los Ríos de la Universidad Juárez Autónoma de Tabasco, Tenosique, Tabasco, México.

Abstract

This paper presents a proposal to design an information system to improve sales management at the "Súper tortas Sagundo" establishment in Tenosique, Tabasco, Mexico. Despite the sustained growth and popularity achieved by the business over the years, significant deficiencies have been identified in the registration and control of sales, which negatively impact its operations and the quality of customer service. The proposal was developed using the waterfall methodology, considering only the analysis and design phases. To this end, information was collected through staff surveys, interfaces were designed using Visual FoxPro software, and the database was modeled using Erwin Data Modeler. As a result, it is concluded that the implementation of an information system with these characteristics can significantly increase the operational efficiency of the business by facilitating decision-making, optimizing inventory control, and improving service quality, thus strengthening the company's competitiveness in the local market.

Keywords: Information System, Management, Sales, Registration, Efficiency.

Introducción

A partir de la década de los noventa, las diversas teorías económicas están basadas en que se logre responder a las nuevas demandas de la sociedad, así como para lograr el crecimiento de la economía (**Stiroh, 1999**). Esto ha sido como consecuencia del fenómeno de la globalización, así como la continua expansión de los Sistemas de Información y la innovación tecnológica, siendo estos dos últimos los que han propiciado cambios significativos en la economía mundial (**Urquiza, 2007**). Al respecto, Comas *et al.* (**2013**) señalan que el acceso rápido y eficiente a toda información confiable y precisa permite la adopción eficiente para la toma de decisiones y, con ello, crear alternativas que solucionen una problemática a un menor costo.

Con el surgimiento de la computación, los Sistemas de Información y las tecnologías, han cambiado significativamente, la forma como las organizaciones e individuos organizan, dirigen, controlan y planean sus actividades (**Avison y Pries, 2007**) y sumando el gran avance desarrollado a través de las Tecnologías de la Información (TI), la capacidad para capturar, procesar, almacenar y distribuir la información, ha aumentado significativamente y a su vez, se han eliminado las barreras del espacio y tiempo que años atrás, dificultaban el manejo de la información y la coordinación de las diversas funciones dentro de la organización (**Gómez y Suárez, 2010; Vega *et al.*, 2017**).

Así, el eje principal para los Sistemas de Información se basa en su capacidad de responder a una extensa variedad de temas emergentes en las organizaciones, de acuerdo con el aprendizaje que se va adquiriendo y la forma de emplear el potencial tecnológico que esté a su alcance (**Avgerou, 2000**).

Hoy en día, el uso de equipos de cómputo se ha hecho indispensable en la vida cotidiana del ser humano. La computadora puede definirse como un dispositivo con la capacidad de procesar datos a través de un conjunto organizado de instrucciones, las cuales son interpretadas y ejecutadas automáticamente. A la secuencia instructiva, se le denomina Programa de Computación, el cual le permite a la computadora desarrollar una determinada acción específica, siendo esta acción la responsable del funcionamiento de un programa, por lo que se le conoce como ejecución o utilización del programa (Brocca y Casamiquela, 2005).

Actualmente, en la mayoría de las organizaciones se viene innovando con la inclusión de la tecnología para el desarrollo de los procesos y así, facilitar la operatividad, distribución y comercialización de los productos y servicios ofertados, permitiéndoles una mayor competitividad, calidad y satisfacción de sus clientes.

Las empresas dedicadas a la venta de alimentos (restaurantes) no son la excepción, ya que estos, además de ofrecer diversos productos alimenticios y bebidas, el servicio que ofrezcan a su clientela es de vital importancia para mantener la competitividad y calidad, tanto en productos como en el servicio.

De esta forma, existen múltiples experiencias en donde se han implementado numerosos Sistemas de Información para el mejoramiento de diversas empresas dedicadas a la venta de alimentos y bebidas, tal como el desarrollo de sistemas WEB para restaurante, cafeterías y bares (Pulido y Beteta, 2018; Casas, 2021; González, 2022; Valenzuela *et al.*, 2022), sistema de control y atención de pedidos en restaurantes mediante menús digitales, plataformas digitales, uso de dispositivos móviles y redes inalámbricas (Vásquez, 2013; Durán *et al.*, 2015; Espinoza y León, 2015; Castro, 2018; Castillo y Olivos, 2021; Chancusig y Romero, 2022), solo por citar algunos ejemplos.

Particularmente, el restaurante denominado "Súper tortas Sagundo" es un establecimiento de alimentos localizado en la colonia Trinchera, de la ciudad de Tenosique de Pino Suárez, Tabasco, México. Esta empresa fue fundada en 1950 y se popularizó por la aceptación del sabor de sus tortas, así como también por la variedad de alimentos que venden (tostadas, consomé, empanadas, panuchos, salbutes). Así, lo que comenzó como un pequeño negocio familiar, hoy en día se ha convertido en un referente y además tiene diversas sucursales distribuidas en toda la ciudad. No obstante, esta empresa carece de un correcto sistema para la organización y el registro de sus ventas y productos, por lo que se deduce que se incurre en retrasos de su operatividad y, por ende, en los servicios que ofrece.

Así, esta empresa de alimentos no registra las solicitudes de los comensales por ninguna clase de medio físico o virtual, por lo que no cuenta con un registro correcto sobre las ganancias y pérdidas de las ventas y compras que se generan; además, de no contar con la información generada en el establecimiento para conocer tendencias, introducir controles y mejorar su operatividad. De igual forma, la pérdida de tiempo en el funcionamiento de la empresa es de suma importancia para no incurrir en el desconocimiento de la existencia de los productos e insumos para la preparación de los productos alimenticios que brinda.

Aunado a lo anterior, el servicio que se presta en sus instalaciones se realiza de forma verbal o se toman los pedidos en un papel común, mismo que no es archivado y genera retraso en la atención de los clientes, tanto para levantar su pedido, entregar sus alimentos y realizar el cobro por los alimentos y el servicio brindado.

Por todo lo anteriormente descrito, el presente trabajo tuvo como propósito el proponer un diseño de un sistema de información para el proceso de ventas a la empresa "Super tortas Sagundo" que organizará la venta de los productos llevando a cabo un claro registro donde se puedan apreciar en una lista, el nombre, la cantidad y el precio de los productos, ayudando a evitar posibles errores en la captura de los registros, así como también para mejorar la calidad del servicio brindado a los clientes.

Materiales y métodos

Modelo de Cascada

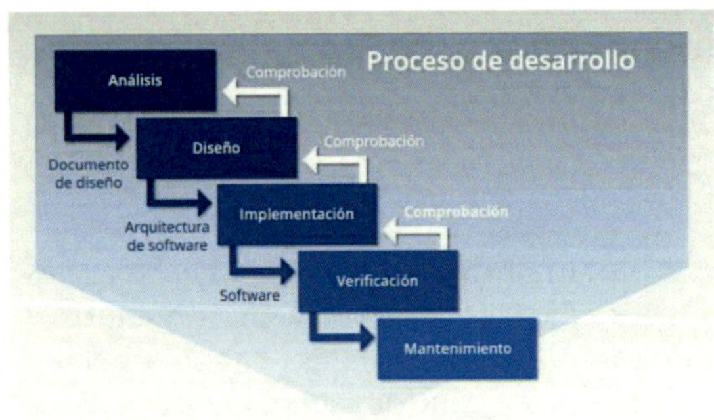

Para el diseño de la propuesta se optó por utilizar la metodología de desarrollo en cascada, la cual fue seleccionada por su estructura secuencial y adaptabilidad al tipo de desarrollo requerido por la tortería "Súper tortas Sagundo". Esta metodología, propuesta originalmente por Winston W. Royce, organiza el proceso de desarrollo en fases claramente definidas: análisis, diseño, implementación, verificación y mantenimiento, permitiendo así un enfoque ordenado y sistemático en la construcción del sistema. El gráfico incluye una de las ampliaciones del modelo planteadas por Royce: la verificación de los resultados de cada una de las fases tomando en consideración las exigencias y especificaciones formuladas en el paso anterior (**IONOS,2019**).

Sin embargo, como el proyecto se desarrolló como una propuesta de diseño, solo se realizó las fases de Análisis y diseño que serán descritas a continuación:

Análisis

Es el proceso de planificación inicial en el que los miembros del equipo de desarrollo reúnen toda la información posible para garantizar el éxito del proyecto. Como las tareas del método de cascada dependen de los pasos anteriores, hay que prever todo en detalle antes de empezar. Este proceso de planificación es una etapa crucial de la metodología en cascada y por ese motivo, la mayor parte del tiempo del proyecto se dedica a la planificación (**Laoyan, 2025**).

En esta fase se diseñó y aplicó una encuesta mixta donde se realizaron diversas preguntas como, por ejemplo: ¿De qué manera registran los datos a la hora de vender un producto?, ¿Cuál es el proceso que realizan para almacenar la información de sus productos?, entre otras con las que se recopiló la información para poder elaborar el diseño del sistema y que este se adecuara a las necesidades de la tortería.

Diseño

En esta fase se presenta la solución a seguir teniendo en cuenta el análisis de requisitos elaborado en la fase anterior. El objetivo es disponer de un plan de diseño detallado que incluya acciones y tareas específicas como pueden ser: el diseño de interfaces, el entorno de trabajo o framework a utilizar, o las librerías de software que se van a implementar, por ejemplo (**Felipe, 2021**).

Para el diseño de las interfaces del sistema se empleó el programa Visual Fox, el cual es un sistema de desarrollo de aplicaciones de software que permite crear aplicaciones de bases de datos, software de gestión de negocios y aplicaciones de escritorio (**Lores, 2023**).

Para realizar el modelado del diseño de la base de datos se empleó el programa de Erwin Data Modeler.

 Base de datos del sistema.

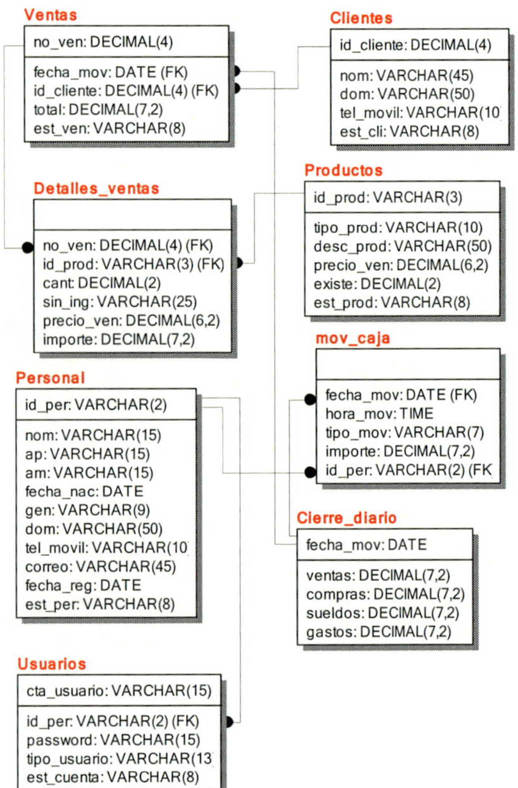

Resultados y discusión

El sistema se diseñó con una interfaz sencilla, de fácil uso, con los elementos requeridos para su introducción y para su rápido despliegue.

Figura 2: *Pantalla de inicio de Sesión.*

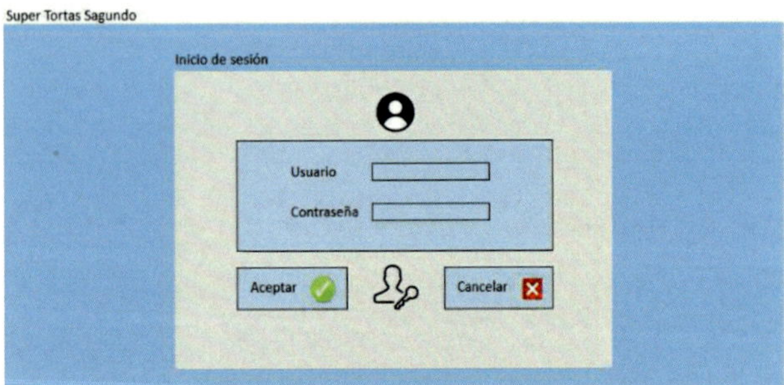

En la **Figura 2**, se puede apreciar el diseño de cómo resultaría la pantalla para el inicio de sesión del empleado, en ella resaltan los elementos de usuario y contraseña, los cuales se requerirán para poder acceder al sistema.

En la **Figura 3**, se pueden apreciar las distintas opciones que podrá tener el menú en su versión más completa, aunque el propósito de la propuesta actual solo contará principalmente con el control de las ventas, esto da un vistazo al diseño más completo del sistema.

Figura 4: *Pantalla del Registro de una Venta*

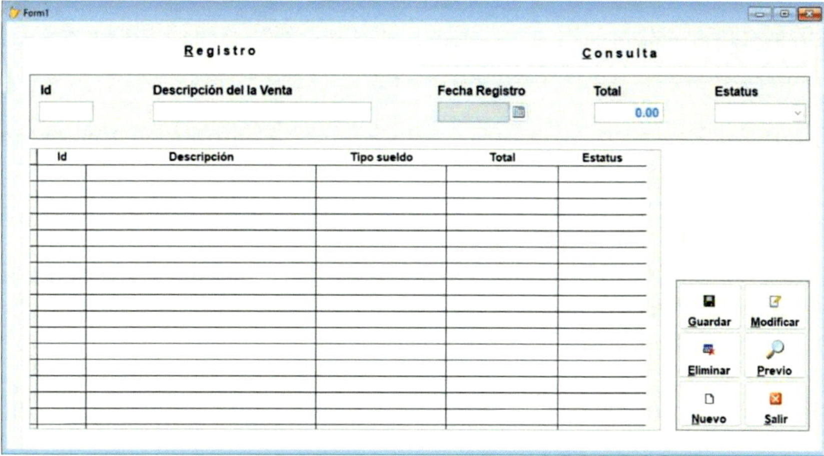

En la **Figura 4**, se muestra cómo quedará la pantalla que registrará las ventas de la Tortería, resaltando los siguientes elementos: Id: que se encargará de registrar el número de la venta, Descripción de la venta: donde se especificará lo que se vendió junto a cualquier otro elemento que requiera, Fecha de registro: donde se especificará la fecha en la que ocurrió la venta, Total: donde se escribirá la cantidad total que costarán los productos que se escogieron y estatus: para especificar si la venta es utilizable para su registro o no.

Se espera que esta propuesta conlleve a beneficios iguales como los que consiguió María (2007) en su proyecto de *Diseño e implementación de un sistema de información para la gestión de inventarios de un restaurante de comida rápida,* tales como, proporcionar un panorama confiable de las ventas del negocio, también la mejora y establecimiento de los procedimientos de los pedidos de los productos y el medir el desempeño del negocio con ayuda del control de sus ventas. De igual forma, con este estudio se espera comprobar lo útil que resulta contar con un sistema de información y se gestionen los distintos procesos que se llevan a cabo en el negocio y se realicen con mayor rapidez y facilidad; así como la conclusión a la que llegó Francisco (2018) en su proyecto *Diseño de un Sistema de Ventas en el Restaurante el Fogón Dorado*.

Conclusión

El diseño de un sistema para el control de ventas de la microempresa "Super tortas Sagundo" permitió concluir que, en la tortería Sagundo existe gran margen de mejora, más que nada en el área de registro de sus ventas, que con ayuda de un sistema especializado este agilizaría y solucionaría problemas del almacenaje de información y del seguimiento de este. De igual manera, con ayuda de estos resultados se demuestra el impacto positivo en la calidad de los servicios que la tortería ofrece, beneficiando a su presentación. Asimismo, se demuestra la utilidad y beneficio que presenta contar con un sistema de información en un negocio por sus diversas ventajas en los procesos y toma de decisiones del local.

Referencias

Avgerou, C. (2000). Information systems: What sort of science is it? Omega Journal, 28(5), 567-579. https://eprints.lse.ac.uk/2579/1/ISwhatsortofscience.pdf

Avison, D.E. & Pries Heje, J. (2007). Research in information systems: A handbook for research supervisors and their students. [N. Kock, Editor, Second Edition]. Springer Science and Business Media, LLC. https://ub1.uvs.edu/site/local/ebooks/ER%20000964.pdf

Brocca, J.C., & Casamiquela, R. (2005). Las licencias de software desde la perspectiva del usuario final. Revista Pilquen: Sección Ciencias Sociales, 7, 1-10. https://www.redalyc.org/pdf/3475/347532051012.pdf

Casas Huamanta, E.R. (2021). Mejora de proceso de un restaurante mediante la implementación de un sistema de información. Revista Sathiri, (16)2, 122-132. https://doi.org/10.32645/13906925.1077

Castillo Palacio, M.S. y Olivos Valcarcel, J.S. (2021). Sistema de información web para la gestión de los pedidos en un restaurante de comidas rápidas. [Tesis de Licenciatura, Universidad Distrital Francisco José de Caldas, Bogotá, Colombia]. Repositorio UDFJC. https://repository.udistrital.edu.co/items/61332e33-fa24-4c25-800b-2370c41beee2

Castro Escobar, O. (2018). Desarrollo de un sistema de información para un restaurante. [Tesis de Pregrado, Universidad de Málaga, España]. Repositorio RiUMA. https://hdl.handle.net/10630/17114

Comas Rodríguez, R., Nogueira Rivero, D. y Medina León, A. (2013). Análisis evolutivo de los sistemas de información y su marco conceptual. Revista Ciencias de la Información, 44(2), 9-15. https://www.redalyc.org/pdf/1814/181430077002.pdf

Chancusig Sánchez, S.N. y Romero Balarezo, R.E. (2022). Implementación de sistema WEB y móvil para la gestión y automatización de pedidos en el restaurante "De mar a mar". [Tesis de Pregrado, Facultad de Ciencias Agrarias de la Universidad Agraria del Ecuador, Guayaquil, Ecuador]. Repositorio UAGRARIA. https://cia.uagraria.edu.ec/Archivos/ROMERO%20BALAREZO%20RAUL%20ESAU.pdf

Durán Pineda, M.A., Flores Hernández, P. y Rueda López, M.A. (2015). Sistema de control y atención de pedidos en restaurantes mediante el uso de dispositivos móviles y redes inalámbricas. [Tesis de Licenciatura, Escuela Superior de Cómputo del Instituto Politécnico Nacional, CDMX, México]. Repositorio ESCOM. https://tesis.ipn.mx/bitstream/handle/123456789/22573/Sistema%20de%20control%20y%2 0atenci%C3%B3n%20de%20pedidos%20en%20restaurantes.pdf?sequence=1&isAllowed=y

Espinoza Rivas, R.C. y León Quiñonez, J.C. (2015). Implementación de sistema para restaurantes para gestión de pedidos y facturación electrónica (ambiente móvil & sistema administrable desde una PC). [Tesis de Pregrado, Universidad Politécnica Salesiana, Sede Guayaquil, Ecuador]. Repositorio Universitario. https://dspace.ups.edu.ec/bitstream/123456789/10329/1/UPS-GT001240.pdf

Felipe. (18 de noviembre de 2021). Metodología de cascada: fases y desarrollo. Hostingplus. https://www.hostingplus.mx/blog/metodologia-de-cascada-fases-y-desarrollo/

Francisco, V. M. (2018). Diseño de un Sistema de Ventas en el Restaurante el Fogón Dorado. Obtenido de: https://repositorio.uladech.edu.pe/bitstream/handle/20.500.13032/23101/DISENO_SISTE MA_VENTAS_VALENCIA_MEDINA_FRANCISCO_JAVIER.pdf?sequence=1&isAllowe d=y

Gómez Vieites, A. y Suárez Rey, C. (2010). Sistemas de información. Herramientas prácticas para la gestión. [3ra. Edición]. Alfaomega. https://omeka.urbeuniversity.edu/files/original/25e5ab57e792ee30a3dcc4bff2c3af6e2863383 e.pdf

González Santos, K.V. (2022). Sistema web para la automatización del servicio en restaurantes. [Tesis de Maestría, Instituto Tecnológico de Estudios Superiores, Cuautitlán Izcalli, Estado de México]. Repositorio Institucional. https://rinacional.tecnm.mx/bitstream/TecNM/6398/1/GONZALEZ%20SANTOS%20KA RLA%20VIRIDIANA%20-.pdf

Ionos. (21 de marzo de 2019). IONOS. Obtenido de El modelo en cascada: desarrollo secuencial de software: https://www.ionos.mx/digitalguide/paginas-web/desarrollo-web/el-modelo-en-cascada/

Joyanes Aguilar, L. (2015). Sistemas de información en la empresa. El impacto de la nube, la movilidad y los medios sociales. [1ra. Edición]. Alfaomega. https://api.pageplace.de/preview/DT0400.9786076224632_A43535156/preview-9786076224632_A43535156.pdf

Laoyan, S. (2025, 6 febrero). Qué es la metodología waterfall y cuándo utilizarla [2025] • Asana. Asana. https://asana.com/es/resources/waterfall-project-management-methodology

Lores, F. (24 de febrero de 2023). Obtenido de Velneo: https://www.velneo.com/blog/velneo-como-alternativa-a-visual-foxpro

María, B. M. J. (2007c). Diseño e implementación de un sistema de información para la gestión de inventarios de un restaurante de comida rápida. https://repositorio.uvg.edu.gt/handle/123456789/4356

Pulido Luna, J.E. y Beteta Dávila, F.E. (2018). Desarrollo de un sistema de información WEB en el bar y restaurante "La Criollita". [Trabajo monográfico para optar al título de Ingeniero de Sistemas, Facultad de Ciencias y Sistemas de la Universidad Nacional de Ingeniería.] Managua, Nicaragua. Repositorio Universitario. https://ribuni.uni.edu.ni/2700/1/92870.pdf

Stiroh, K. (1999). Is there a new economy? Challenge Journal, 42(4), 82-101. https://www.jstor.org/stable/40721959

Urquiza A. (2007). Aplicación de modelos de competencias a la gestión de sistemas de información. Revista Española de Innovación, Calidad e Ingeniería del Software, 3(1), 23-37. https://www.redalyc.org/pdf/922/92230104.pdf

Vásquez Ching, C. (2013). Sistema de información para restaurantes en línea. [Tesis de Pregrado, Universidad de Manizales]. Repositorio RIDUM. https://ridum.umanizales.edu.co/xmlui/handle/20.500.12746/127

Valenzuela Acosta, R.E., Moreno Valenzuela, M.J., Ochoa Jiménez, S. y Jacobo Hernández, C.A. (2022). Tecnologías de la información y la comunicación en empresas del sector restaurantero. LATAM Revista Latinoamericana de Ciencias Sociales y Humanidades, 3(2), 899-908. https://doi.org/10.56712/latam.v3i2

Vega Pérez, C.A., Grajales Lombana, H.A. y Montoya Restrepo, L.A. (2017). Sistemas de información: Definiciones, usos y limitantes al caso de la producción ovina colombiana. Revista Orinoquia, 21(1), 64-72. https://www.redalyc.org/pdf/896/89653552007.pdf

Capítulo 7

Propuesta de desarrollo de un sitio web: Comercialización y administración de una pizzería

Eduardo Emmanuel Alamilla Miranda[1],Eloísa Mendoza Vázquez[2], Alejandro Alpuche Palma[3], Jorge Víctor Hugo Mendiola Campuzano[4], Heradia Pascual Cornelio[5].

Resumen

Este proyecto propone el desarrollo de un sitio web integral para la pizzería CHOLOLO'S, abordando su limitada visibilidad y las ineficiencias operativas en la era digital. Utilizando la metodología ágil Scrum y herramientas de software libre (WordPress con WooCommerce, PHP, MariaDB), se diseñará una plataforma intuitiva. Esta solución permitirá a CHOLOLO'S expandir su base de clientes al ofrecer pedidos en línea 24/7, mejorar la satisfacción del cliente con un proceso simplificado, y optimizar la gestión interna mediante un panel administrativo. El objetivo es transformar digitalmente el negocio, garantizando su sostenibilidad y crecimiento en el mercado actual.

Palabras clave: pizzería, scrum, software libre, gestión de pedido, comercialización.

[1] Autor principal: alamillamirandaeduardoemmanuel@gmail.com. https://orcid.org/0009-0001-1929-3734.
[2] eloisa.mendoza@ujat.mx. División Académica Multidisciplinaria de los Ríos de la Universidad Juárez Autónoma de Tabasco, Tenosique, Tabasco, México.
[3] alejandro.alpuche@ujat.mx. https://orcid.org/0000-0003-2447-0966. División Académica Multidisciplinaria de los Ríos de la Universidad Juárez Autónoma de Tabasco, Tenosique, Tabasco, México.
[4] jorge.mendiola@ujat.mx. https://orcid.org/0000-0001-8043-0315. División Académica Multidisciplinaria de los Ríos de la Universidad Juárez Autónoma de Tabasco, Tenosique, Tabasco, México.
[5] heradia@hotmail.com. https://orcid.org/0000-0003-1624-0685. División Académica Multidisciplinaria de los Ríos de la Universidad Juárez Autónoma de Tabasco, Tenosique, Tabasco, México.

Introducción

En la actualidad, existe una marcada tendencia en la adaptación de tecnologías por parte de las organizaciones, tanto privadas como públicas, las cuales son consideradas como parte de los emprendimientos que se realizan por parte de la empresa, institución o negocio, ya sea a través de desarrollos tecnológicos, aplicaciones, redes sociales, plataformas y modelos de negocio, y mediante esto, las organizaciones emprenden iniciativas que les otorga alto valor y competitividad (Benavides *et al.,* 2023).

Así, se puede decir que este tipo de herramientas tecnológicas son conocidas como emprendimientos de base tecnológicas (EBT), las cuales se distinguen por la exigencia de una alta demanda de conocimiento (Rodríguez *et al.,* 2016; Gómez, 2019), lo cual, en conjunto con su dinámica, viene incrementando la creación de organizaciones emergentes, mismas que son conocidas como start-ups/spin-offs (Festel, 2013; Ciuchta *et al.,* 2016; Giraudo *et al.,* 2019).

De esta forma, se puede decir que los EBT cobran importancia, debido a que son considerados como unidades productivas que potencializan la productividad en las economías (Martínez *et al.,* 2019), además de generar nuevas empresas, fuentes de empleo y, a su vez, suman a la cohesión y bienestar social (Velázquez *et al.,* 2016; Gómez, 2019).

Por otra parte, hoy en día es de suma importancia para las empresas, brindar productos y/o servicios de calidad, ya que representa algo primordial para el mercado y los clientes, en una era en donde la competitividad es la base exigida por la sociedad, ya que los consumidores de la actualidad exigen más, pues son más perceptivos en todo lo relacionado con la calidad de un bien o servicio; este último, suele representar el distintivo competitivo más importante que puede ofrecer una empresa a sus clientes (Berry, 2004).

En la era digital actual, la presencia en línea no es solo una ventaja competitiva, sino una necesidad imperativa para la supervivencia y el crecimiento de cualquier negocio, sin importar su escala. El sector gastronómico, en particular, ha experimentado una profunda transformación, con consumidores que cada vez más recurren a plataformas digitales para explorar opciones, realizar pedidos y acceder a servicios de entrega. Dentro de este contexto, pizzerías como CHOLOLO'S, a menudo caracterizadas por su arraigo local, su modelo de negocio tradicional y sus recursos limitados, se encuentran en una encrucijada. Si bien su producto goza de una demanda constante, la ausencia de una infraestructura digital adecuada puede limitar drásticamente su alcance de mercado, la eficiencia de sus operaciones y su capacidad para interactuar de manera efectiva con una clientela que vive y se mueve en el ecosistema digital.

La dependencia exclusiva de canales de venta convencionales, como el servicio en el local o los pedidos telefónicos, no solo restringe la visibilidad de CHOLOLO'S a una audiencia más amplia, sino que también introduce ineficiencias operativas significativas. Los errores en los pedidos, la saturación de líneas telefónicas en horas pico y la dificultad para gestionar el flujo de trabajo de manera óptima son desafíos comunes que impactan directamente la rentabilidad y la satisfacción del cliente. Además, la falta de un sistema digitalizado impide la recopilación y el análisis de datos valiosos sobre el comportamiento del consumidor, las preferencias de productos y las tendencias de venta, información crucial para la toma de decisiones estratégicas y la adaptación a las dinámicas del mercado.

Ante este panorama, este capítulo se adentra en la propuesta para el desarrollo de un sitio web diseñado específicamente para la pizzería CHOLOLO'S. Esta plataforma no se concibe únicamente como un escaparate digital o un simple sistema de toma de pedidos en línea, sino como una solución integral que abarca tanto la comercialización efectiva de los productos como la gestión administrativa eficiente de las ventas y la relación con el cliente. Se argumenta que una inversión estratégica en esta infraestructura digital puede generar un retorno significativo, manifestado en un aumento tangible de las ventas, una mejora sustancial en la experiencia del cliente y una optimización profunda de los procesos operativos internos. Por lo cual, se propone un modelo de sitio web integral para pequeñas pizzerías que optimice la comercialización en línea y la gestión administrativa de las ventas, mejorando la eficiencia operativa y la experiencia del cliente.

Materiales y métodos

Esta sección detalla la metodología propuesta para el desarrollo del sitio web destinado a la comercialización y gestión de ventas de la pizzería CHOLOLO'S. Aunque este documento es una propuesta conceptual, la metodología descrita establece el enfoque sistemático y las herramientas conceptuales que se emplearían para asegurar el éxito del proyecto, la calidad del producto final y la satisfacción de las necesidades del negocio.

5.1. Enfoque Metodológico: Metodología Ágil (Scrum)

Para el desarrollo del sitio web de CHOLOLO'S, se propone la adopción de una metodología ágil, específicamente el marco de trabajo Scrum. Este enfoque es reconocido por su flexibilidad, su capacidad de adaptación a requisitos cambiantes y su énfasis en la entrega incremental de valor (Schwaber & Sutherland, 2020). A diferencia de las metodologías tradicionales, que siguen un camino lineal y a menudo rígido, Scrum es particularmente adecuado para proyectos donde los requisitos pueden evolucionar y donde la colaboración constante con el cliente es fundamental para el éxito. La naturaleza de un proyecto para una PYME, como una pizzería, se beneficia enormemente de la capacidad de iterar rápidamente y de la posibilidad de incorporar retroalimentación continua del propietario del negocio.

5.2. Fases Propuestas bajo el marco Scrum

El desarrollo se estructuraría en iteraciones cortas y fijas, denominadas Sprints, cada una con una duración propuesta de dos a tres semanas. Cada Sprint tendría como objetivo entregar un incremento de software funcional y potencialmente desplegable. Las fases generales que se contemplarían son:

5.2.1. Planificación del Sprint (Sprint Planning): Al inicio de cada Sprint, el equipo de desarrollo, en colaboración con el "Product Owner" (el representante de CHOLOLO'S), definiría los objetivos del Sprint y seleccionaría los ítems del "Product Backlog" (lista priorizada de funcionalidades) que se abordarán. Este proceso asegura que el trabajo se alinee directamente con las prioridades del negocio (Schwaber & Sutherland, 2020).

5.2.2. Diseño y Desarrollo Iterativo (Sprint Execution): Durante el Sprint, el equipo se enfocaría en diseñar, codificar y probar las funcionalidades seleccionadas. Se promovería un diseño centrado en el usuario (UI/UX) para garantizar una experiencia intuitiva y atractiva para los clientes de CHOLOLO'S. Este enfoque de desarrollo incremental permite la construcción de la plataforma por partes, permitiendo ajustes continuos.

5.2.3. Pruebas y Aseguramiento de Calidad: Las pruebas serían una actividad continua a lo largo de cada Sprint. Se realizarían pruebas unitarias, de integración y de aceptación para verificar la funcionalidad, el rendimiento y la seguridad del sitio web. La participación del Product Owner en las pruebas de aceptación es crucial para validar que las funcionalidades desarrolladas cumplen con las expectativas del negocio.

5.2.4. Revisión del Sprint (Sprint Review): Al final de cada Sprint, el equipo presentará el incremento de software completado al Product Owner y a otras partes interesadas de CHOLOLO'S. Esta sesión es una oportunidad vital para la retroalimentación, la adaptación del Product Backlog y la planificación de futuros Sprints (Schwaber & Sutherland, 2017).

5.2.5. Retrospectiva del Sprint (Sprint Retrospective): Posterior a la revisión, el equipo de desarrollo se reuniría para reflexionar sobre el Sprint completado, identificando qué funcionó bien y qué podría mejorarse en términos de procesos, herramientas o colaboración. Este paso promueve la mejora continua del equipo y del proceso de desarrollo.

5.2.6. Despliegue y Mantenimiento: Una vez que un conjunto de funcionalidades críticas haya sido validado y aprobado, se procedería al despliegue del sitio web en un entorno de producción accesible al público. Posteriormente, se establecerían mecanismos para el mantenimiento continuo, la resolución de incidencias y la implementación de nuevas funcionalidades o mejoras a medida que la pizzería CHOLOLO'S las requiera.

5.3. Herramientas y Tecnologías (Propuesta Conceptual)

Para la implementación de este proyecto, priorizaremos herramientas tecnológicas de código abierto y fácil adopción. Esta elección no solo nos ayudará a reducir los costos de licencias, sino que también fomentará la independencia tecnológica y la sostenibilidad del sistema a largo plazo para CHOLOLO'S, permitiéndoles mantener y escalar su plataforma sin ataduras a soluciones propietarias (García & Romero, 2021).

Plataforma de desarrollo web.
Proponemos utilizar WordPress como el sistema principal de gestión de contenidos (CMS). Su gran facilidad de uso, flexibilidad y el amplio respaldo de una comunidad global lo hacen ideal para este tipo de proyecto (WordPress.org, 2024). Para integrar las funcionalidades de comercio electrónico, como la venta de pizzas y la gestión de pedidos, incorporaremos WooCommerce. Este popular plugin extiende las capacidades de WordPress, proporcionando herramientas esenciales para la administración de productos, un sistema de carrito de compras y diversas opciones de pago (WooCommerce, 2024). Ambos sistemas son gratuitos y de código abierto, lo que facilitará que el personal de CHOLOLO'S gestione el menú y los pedidos de forma autónoma.

Lenguaje de programación y base de datos.
Las bases de WordPress y WooCommerce se asientan en el lenguaje de programación PHP y utilizan MariaDB o MySQL como sistema gestor de bases de datos. Estas tecnologías son pilares en el desarrollo web, ofreciendo un rendimiento sólido, extensa documentación y soporte comunitario.

En particular, MariaDB, siendo compatible con MySQL y de código abierto, es una opción excelente para gestionar la información de productos y pedidos de CHOLOLO'S (MariaDB Foundation, 2024).

Herramientas de gestión de proyectos.
Para organizar el trabajo y asegurar una colaboración efectiva entre el equipo de desarrollo y la pizzería CHOLOLO'S, recomendamos plataformas gratuitas como Trello o Asana. Estas herramientas, basadas en la metodología Kanban, simplifican la asignación de tareas, el seguimiento de cronogramas y la visualización del progreso del proyecto. Su naturaleza intuitiva y visual contribuye a una comunicación fluida y continua durante todo el proceso de desarrollo (Rodríguez & López, 2021).

Resultados y discusión

Este apartado presenta los resultados esperados de la fase de diseño conceptual del sitio web propuesto para CHOLOLO'S, seguido de una discusión sobre cómo estas soluciones de diseño abordan los desafíos identificados y el impacto previsto en la comercialización y gestión de la pizzería.

Propuesta de Diseño Conceptual del Sitio Web
El diseño conceptual del sitio web se enfoca en la usabilidad, la experiencia del usuario (UX) intuitiva y la optimización para dispositivos móviles, dada la prevalencia del acceso a internet a través de smartphones. Se busca reflejar la identidad de marca de CHOLOLO'S a través de una interfaz limpia, atractiva y funcional. A continuación, se describen los elementos clave del diseño:
- *Página de Inicio (Landing Page):*
    - Sección principal (Hero Section): Dominada por una imagen de alta calidad de una pizza apetitosa de CHOLOLO'S, acompañada de un eslogan pegadizo y un botón prominente de "¡Pedir Ahora!" para una acción inmediata.
    - Promociones cada: Un carrusel o sección dedicada a las ofertas del día o promociones especiales, incentivando la compra.
    - Acceso Rápido al Menú: iconos o miniaturas de las categorías principales (pizzas clásicas, especiales, bebidas, postres) para una navegación ágil.
    - Información de Contacto y Horarios: Ubicados de forma clara en el pie de página o en una sección dedicada para fácil acceso.

Figura 1. *Página de Inicio (Landing Page).*

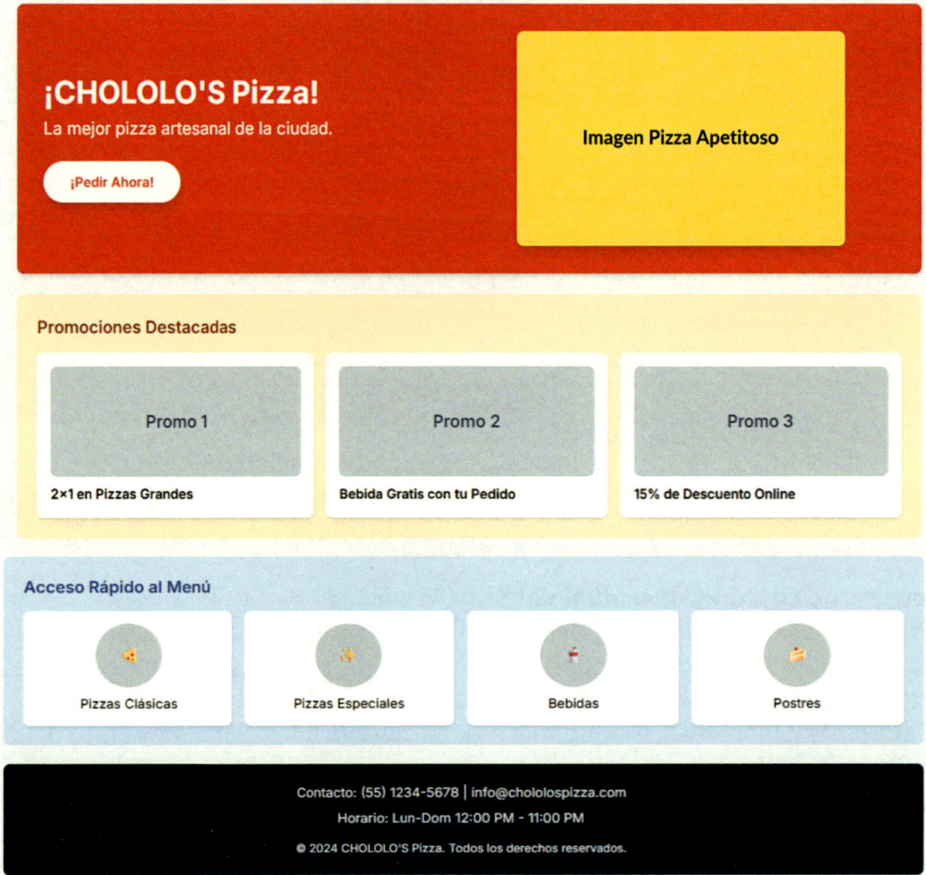

- ***Menú interactivo y personalizador de pizza:***
    - o Categorización Clara: El menú se presentaría con categorías bien definidas para facilitar la búsqueda.
    - o Fichas de Producto Detalladas: Cada pizza tendría una ficha visual con una imagen atractiva, descripción de ingredientes, precio y opciones de personalización (tamaños, tipo de masa, ingredientes extra con costo adicional).
    - o Personalizador Intuitivo: Para la creación de pizzas a medida, se propondría una interfaz gráfica que permita al usuario seleccionar y visualizar los ingredientes de forma sencilla antes de añadirlos al carrito.

Figura 2. *Menú interactivo y personalizador de pizza.*

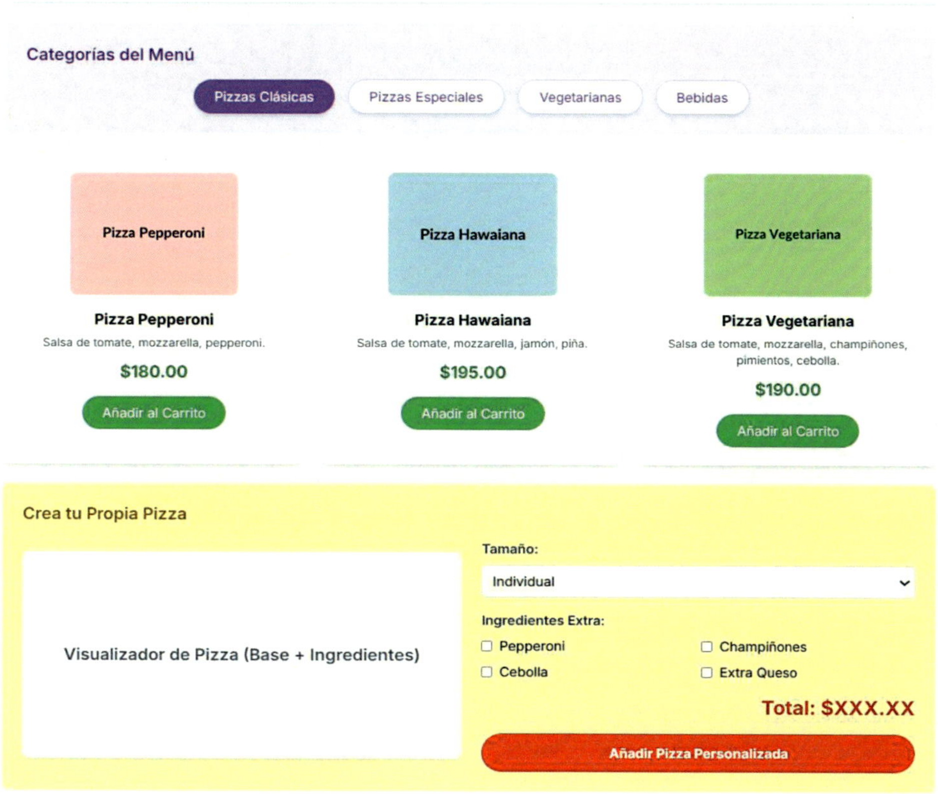

- ***Carrito de Compras y Proceso de Pago:***
  - Resumen Claro: El carrito mostraría un resumen detallado del pedido, con la posibilidad de ajustar cantidades o eliminar productos.
  - Proceso de checkout simplificado: un flujo de pocos pasos para la confirmación del pedido, que incluiría la selección de tipo de entrega (recogida en local o envío a domicilio), la introducción de la dirección (con autocompletado si es posible) y la elección del método de pago (tarjeta de crédito/débito, efectivo al recoger/entregar). La simplicidad es clave para reducir el abandono del carrito.

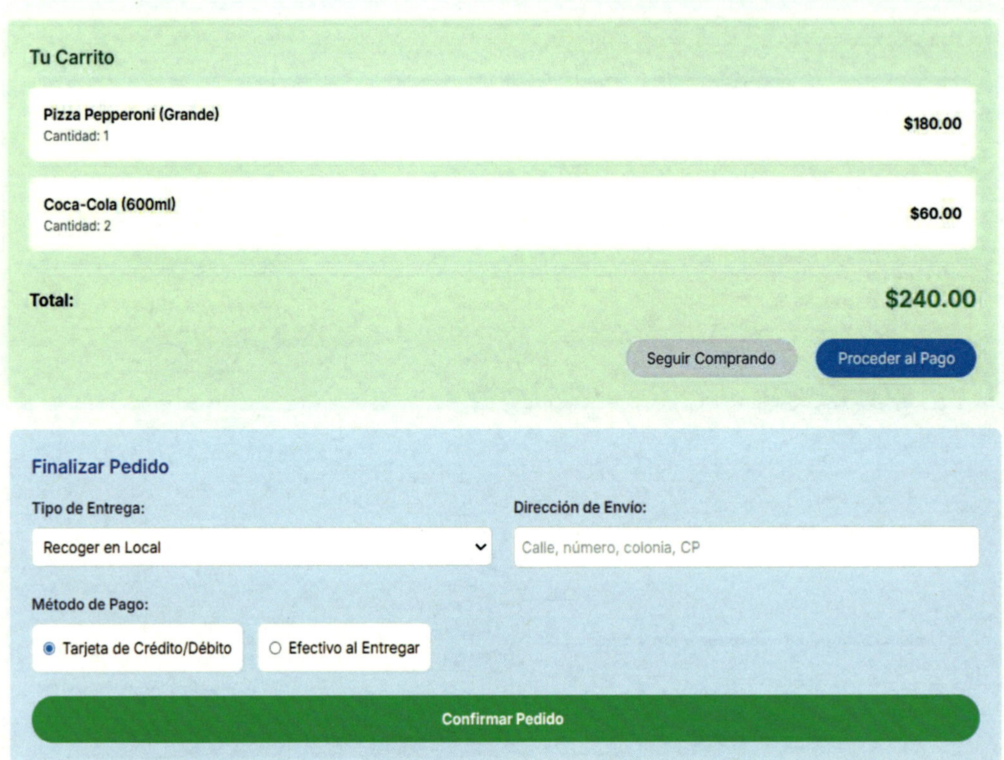

- ***Panel de administración (Vista del propietario):***
    - Dashboard de órdenes: un panel sencillo que mostraría las nuevas órdenes en tiempo real, las órdenes en preparación y las completadas.
    - Gestión de menú simplificada: interfaz para que el propietario o encargado pueda actualizar precios, añadir o quitar productos y modificar descripciones de forma autónoma.

Figura 4. • *Panel de administración (Vista del propietario).*

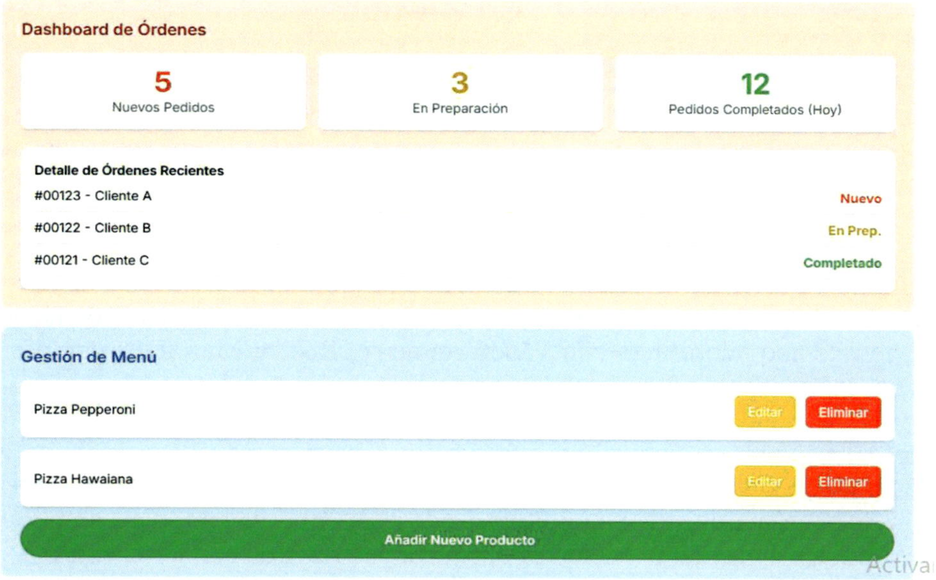

Discusión del diseño y su impacto potencial

El diseño propuesto busca transformar la experiencia del cliente y optimizar las operaciones internas de CHOLOLO'S. Al ofrecer una plataforma en línea, se aborda directamente la limitada visibilidad y el alcance del mercado. La interfaz intuitiva y el proceso de pedido simplificado pretenden reducir los errores en la toma de órdenes telefónicas y liberar tiempo del personal, mejorando así la eficiencia operativa (García y Romero, 2021).

La implementación de este diseño permitiría a CHOLOLO'S:

- Expandir su base de clientes al estar disponible 24/7 y llegar a un público más amplio.

- Mejorar la satisfacción del cliente al ofrecer un método de pedido moderno, rápido y sin fricciones.

- Optimizar la gestión interna, facilitando el seguimiento de pedidos y la actualización del menú.

- Recopilar datos valiosos sobre las preferencias de los clientes y los picos de demanda, información crucial para futuras estrategias de marketing y desarrollo de productos.

Limitaciones y Perspectivas Futuras:
Es importante reconocer que este diseño se presenta como una propuesta conceptual. La validación real de su eficacia requeriría la implementación efectiva del sitio web, seguida de pruebas de usuario exhaustivas y un ciclo de refinamiento iterativo basado en la retroalimentación real. Futuras investigaciones podrían incluir estudios de caso sobre la adopción de este tipo de plataformas en otras PYMES gastronómicas y el análisis del retorno de la inversión (ROI) a largo plazo.

Conclusión

En el contexto actual de transformación digital, contar con una presencia en línea no es solo una ventaja competitiva, sino una necesidad estratégica para negocios locales como CHOLOLO'S. La propuesta aquí expuesta plantea el desarrollo de un sitio web integral que responde a desafíos clave como la limitada visibilidad, la gestión ineficiente de pedidos y la ausencia de herramientas para la toma de decisiones basada en datos.

Este desarrollo se sustenta en una metodología ágil (Scrum), que facilita una implementación flexible, colaborativa y orientada a la entrega continua de valor. Además, la elección de tecnologías de software libre (como WordPress con WooCommerce, PHP y MariaDB) permite una solución técnica robusta, sostenible y económicamente accesible.

El diseño conceptual se enfoca en ofrecer una experiencia de usuario optimizada, con funcionalidades clave como un menú interactivo, personalización de pedidos, un proceso de compra simplificado y un panel administrativo intuitivo. Todo ello contribuye no solo a ampliar el alcance del negocio, sino también a mejorar la eficiencia operativa y la relación con los clientes.

En conjunto, esta propuesta representa una herramienta fundamental para impulsar la digitalización de CHOLOLO'S y constituye un modelo replicable para otras pequeñas empresas del sector gastronómico que buscan adaptarse con éxito a las exigencias del mercado digital.

Referencias

Barquero Cabrero, J.D. (2007). Marketing de clientes. [3ra. Edición, pp. 138-144]. McGraw Hill e Interamericana de España S.L.

Berry, L.L. (2004). ¡Un buen servicio ya no basta! [2da. Edición, pp. 2-12]. Deusto S.A. Ediciones.

Benavides Sánchez, E.A., Castro Ruíz, C.A. y Brand Narváez, M.A. (2023). El emprendimiento de base tecnológica y su punto de encuentro con la convergencia tecnocientífica: una revisión a partir del algoritmo Tree of Science. Revista CEA, 9(19), e2153. https://doi.org/10.22430/24223182.2153

Ciuchta, M.P., Gong, Y., Miner, A.S., Letwin, C., & Sadler, A. (2016). Imprinting and the progeny of university spin-offs. The Journal of Technology Transfer, 41, 1113-1134. https://doi.org/10.1007/s10961-015-9464-1

Festel, G. (2013). Academic spin-offs, corporate spinouts, and company internal start-ups as technology transfer approach. The Journal of Technology Transfer, 38, 454-470. https://doi.org/10.1007/s10961-012-9256-9

Giraudo, E., Giudici, G. & Grilli, L. (2019). Entrepreneurship policy and the financing of young innovative companies: Evidence from the Italian Startup Act. Research Policy, 48(9), 103801. https://doi.org/10.1016/j.respol.2019.05.010

Gómez Zuluaga, M.E. (2019). Technology based entrepreneurship: A challenge to meet. Tec Empresarial, 13(2), 33-44. https://dx.doi.org/10.18845/te.v13i2.4493

Lara López, J. R. (2002). La gestión de la calidad en los servicios. Revista Conciencia Tecnológica, (19), 1-6. https://www.redalyc.org/pdf/944/94401905.pdf

Martínez Martín, M.I., Guilló Rodríguez, N. y Santero Sánchez, R. (2019). La economía social en el emprendimiento de base tecnológica en España. Un análisis cualitativo. Revista de Economía Pública, Social y Cooperativa, (96), 65-90. https://doi.org/10.7203/CIRIEC-E.96.12969

Rodríguez Gulías, M.J., Fernández López, S. & Rodeiro Pazos, D. (2016). Growth determinants in entrepreneurship: A longitudinal study of Spanish technology-based university spin-offs. Journal of International Entrepreneurship, 14, 323-344. https://doi.org/10.1007/S10843-016-0185-9

Salvador Ferrer, C. M. (2005). La percepción del cliente de los elementos determinantes de la calidad del servicio universitario: características del servicio y habilidades profesionales. Revista Papeles del Psicólogo, 26(90), 1-9. https://www.redalyc.org/pdf/778/77809001.pdf

Velázquez Juárez, J.A., Valencia Pérez, L.R. y Peña Aguilar, J.M. (2016). El papel del modelo de la triple hélice como sistema de innovación para aumentar la rentabilidad en una Pyme comercializadora. Revis-ta CEA, 2(3), 101-112. https://doi.org/10.22430/24223182.268

Schwaber, K., & Sutherland, J. (2020). La Guía de Scrum: La Guía Definitiva de Scrum: Las Reglas del Juego. Scrum.org & ScrumInc. Disponible en: https://scrumguides.org/docs/scrumguide/v2020/2020-Scrum-Guide-Spanish-Latin-South-American.pdf

García, A., & Romero, F. (2021). Ventajas y Aplicaciones del Software Libre en Pequeñas y Medianas Empresas. Revista de Tecnología y Sociedad Digital, 8(2), 45-60.

MariaDB Foundation. (2024). MariaDB: The Open Source Relational Database. Recuperado de https://mariadb.org/

Rodríguez, M., & López, J. (2021). Herramientas Colaborativas en la Gestión Ágil de Proyectos: Un Estudio de Caso. Cuadernos de Gestión Tecnológica, 12(3), 112-125.

WooCommerce. (2024). WooCommerce: The most customizable eCommerce platform for building your online business. Recuperado de https://woocommerce.com/

WordPress.org. (2024). WordPress.org: The world's most popular open-source CMS. Recuperado de https://wordpress.org/

García, A., & Romero, F. (2021). Ventajas y Aplicaciones del Software Libre en Pequeñas y Medianas Empresas. Revista de Tecnología y Sociedad Digital, 8(2), 45-60.

Capítulo 8

Diseño de una aplicación web para el registro, control y cobro de los usuarios de un gimnasio en el municipio de Tenosique, Tabasco

Jesús Gustavo Rodríguez Flores[1], Jorge Víctor Hugo Mendiola Campuzano[2], Alejandro Alpuche Palma[3], Heradia Pascual Cornelio[4].

Resumen

El presente trabajo propone el desarrollo de una aplicación web para el control y gestión de usuarios y pagos para el gimnasio municipal de la unidad deportiva del municipio de Tenosique, Tabasco. Esta propuesta tiene como objetivo modernizar y optimizar la administración de sus servicios. Su diseño se llevó a cabo mediante la metodología en cascada y se obtuvo como resultado la reflexión sobre la necesidad y el impacto efectivo que puede tener una solución tecnológica para modernizar y optimizar los procesos administrativos en la microempresa. Este tipo de solución permite automatizar procesos que antes se realizaban de manera manual, como el registro de nuevos usuarios y el control de pagos y membresías.

Palabras clave: Aplicación web, gimnasio, desarrollo, programación, control.

[1] barelas2906@gmail.com. https://orcid.org/0009-0001-3221-5941 División Académica Multidisciplinaria de los Ríos de la Universidad Juárez Autónoma de Tabasco, Tenosique, Tabasco, México.

[2] jorge.mendiola@ujat.mx. https://orcid.org/0000-0001-8043-0315. División Académica Multidisciplinaria de los Ríos de la Universidad Juárez Autónoma de Tabasco, Tenosique, Tabasco, México.

[3] alejandro.alpuche@ujat.mx. https://orcid.org/0000-0003-2447-0966. División Académica Multidisciplinaria de los Ríos de la Universidad Juárez Autónoma de Tabasco, Tenosique, Tabasco, México.

[4] alejandro.alpuche@ujat.mx. https://orcid.org/0000-0003-2447-0966. División Académica Multidisciplinaria de los Ríos de la Universidad Juárez Autónoma de Tabasco, Tenosique, Tabasco, México.

Abstract

This paper proposes the development of a web application for controlling and managing users and payments at the municipal gymnasium of the sports unit in the municipality of Tenosique, Tabasco. This proposal aims to modernize and optimize the administration of its services. Its design was carried out using the cascade methodology, resulting in a reflection on the need for and the effective impact that a technological solution can have on modernizing and optimizing administrative processes in micro-enterprises. This type of solution allows for the automation of processes that were previously performed manually, such as registering new users and controlling payments and memberships.

Keywords: Web application, gym, development, programming, control.

Introducción

La digitalización de los procesos administrativos en gimnasios es fundamental para optimizar la gestión y mejorar la experiencia de los usuarios. La implementación de aplicaciones web permite un control eficiente de los clientes, facilitando el registro de asistencias, la administración de membresías y el seguimiento del progreso físico de los usuarios. Según López y Martínez (2020), el uso de plataformas digitales en la industria del fitness ha demostrado mejorar la retención de clientes y optimizar los recursos administrativos.

Tradicionalmente, muchos pequeños gimnasios han gestionado estas tareas de forma manual, utilizando registros en papel o herramientas ofimáticas básicas. Esta metodología, sin embargo, conlleva numerosos problemas: duplicidad de datos, errores humanos, pérdida de información y dificultades para hacer seguimientos efectivos. De acuerdo con Laudon y Laudon (2020), la implementación de sistemas de información bien estructurados permite mejorar el control administrativo, reducir errores y optimizar la toma de decisiones basada en datos confiables.

Según Pressman (2010), los sistemas de información deben concebirse como un medio para transformar los datos en información útil que apoye la toma de decisiones y la estrategia organizacional (p. 8). Además, menciona que "el software de aplicación para sistemas de información es desarrollado con el propósito de gestionar grandes volúmenes de datos, garantizando que estos se conviertan en información confiable y accesible para las organizaciones" (p. 10).

Los objetivos de los sistemas pueden ser muy variados, desde cosas simples como entretener y enseñar a un niño, hasta cosas tan complejas como controlar un robot explorador. En general, un sistema está compuesto de una entrada, un proceso y una salida.

En años anteriores, cuando las soluciones informáticas o aplicaciones no eran asequibles para todo tipo de empresas, la única opción viable era archivar grandes volúmenes de información, ya fuera impresa o escrita a mano, dicho proceso implica disponer de espacio físico para almacenamiento, y más importante, requiere tiempo y trabajo en su realización, además del riesgo de pérdida o extravío de esta.

Hoy en día, es posible para cualquier establecimiento o empresa, independientemente de su tamaño o actividad económica, acceder a aplicaciones informáticas, con las cuales se consigue una gran cantidad de almacenamiento, gestión y control de los recursos que estas poseen, disminuyendo el trabajo humano y los posibles errores en la elaboración de la información.

El desarrollo de una aplicación web especializada en la gestión de gimnasios responde a la necesidad de modernización en un sector cada vez más competitivo. De acuerdo con estudios recientes, la automatización de procesos en centros deportivos no solo reduce errores administrativos, sino que también mejora la comunicación entre entrenadores y usuarios (Gómez y Ramírez, 2021). Además, un buen diseño web debe considerar aspectos como la usabilidad, la accesibilidad y la adaptabilidad en diferentes dispositivos y plataformas, garantizando que todos los usuarios puedan acceder y utilizar la aplicación sin dificultades (Shneiderman *et al.*, 2016).

El diseño de una aplicación web es un proceso fundamental en el desarrollo de aplicaciones digitales que busca crear interfaces intuitivas, funcionales y accesibles para los usuarios. Este proceso implica la planificación, creación y estructuración de componentes visuales y funcionales, con el objetivo de ofrecer una experiencia de usuario óptima y eficiente (Nielsen, 2012).

Prueba de ello es que Meza (2016) llevó a cabo el desarrollo de una aplicación web adaptable (web-responsive) con el propósito de atender las necesidades planteadas por el administrador del establecimiento José Sport Gym. Para su construcción se empleó la metodología Extreme Programming (XP), utilizando JavaScript como lenguaje principal y PostgreSQL como sistema gestor de base de datos. El proyecto tuvo como finalidad implementar una solución informática orientada al área administrativa, garantizando el cumplimiento de los objetivos específicos y de los requerimientos establecidos por el propietario del gimnasio. Durante el proceso de desarrollo se aplicaron las fases del ciclo de vida de XP (planeación, diseño, codificación y pruebas), obteniéndose como resultado un software funcional que satisfizo de manera integral los lineamientos y expectativas del cliente.

Con base en lo anterior, en este proyecto se plantea el desarrollo de una aplicación web para que el gimnasio del municipio de Tenosique, Tabasco, pueda llevar a cabo un control más eficiente sobre las suscripciones de sus usuarios, así como el control de los pagos de estos. Sin embargo, en este proyecto se consideró delimitar el desarrollo hasta la etapa del diseño, como resultado del análisis específico de dicho establecimiento y la comparativa con otros gimnasios que ya han adoptado la digitalización y automatización de sus procesos administrativos.

Dicho esto, el diseño de esta aplicación propone una solución a la hora de administrar usuarios, fechas y pagos en el gimnasio deportivo del municipio de Tenosique, Tabasco, que hoy en día no cuenta con un sistema digital para el control de sus clientes y de sus pagos. En nuestros días sigue habiendo bastantes establecimientos donde el control se lleva por medio de papel y lápiz, con esta propuesta se da una solución al obsoleto sistema de registro a mano, evitando así muchos problemas como el extravío de registros de clientes y el almacenamiento físico de la información. Este tipo de aplicaciones es popular en la actualidad, ya que, además de ser un instrumento de control, permite al usuario acceder con mayor agilidad a la información que desea conocer acerca del movimiento o giro de su negocio. Tradicionalmente, muchos pequeños gimnasios han gestionado estas tareas de forma manual, utilizando registros en papel o herramientas ofimáticas básicas. Esta metodología, sin embargo, conlleva numerosos problemas: duplicidad de datos, errores humanos, pérdida de información y dificultades para hacer seguimientos efectivos. De acuerdo con Laudon y Laudon (2020), la implementación de sistemas de información bien estructurados permite mejorar el control administrativo, reducir errores y optimizar la toma de decisiones basada en datos confiables.
Es por ello por lo que esta solución tecnológica no solo facilita el acceso a la información en tiempo real, sino que también permite generar reportes detallados para la toma de decisiones estratégicas.
La presente investigación se basa en diversas fuentes bibliográficas que analizan la digitalización en la industria del fitness y su impacto en la gestión de gimnasios. A través del desarrollo de esta aplicación web, se busca ofrecer una herramienta intuitiva y eficiente para mejorar la administración de gimnasios y proporcionar una mejor experiencia a sus clientes.

Materiales y métodos

Para el desarrollo de la aplicación web GymManager se utilizó el modelo en cascada, el cual se caracteriza por la rigidez de sus fases, las cuales deben ser concluidas en su totalidad antes de iniciar la siguiente (Pressman, 2010, p. 45). El modelo en cascada o waterfall establece una estructura lineal y secuencial en el desarrollo del software, donde cada fase produce un conjunto de entregables que sirve como materia prima para la siguiente fase (Avison y Fitzgerald, 2006, p. 74).

Modelo en cascada

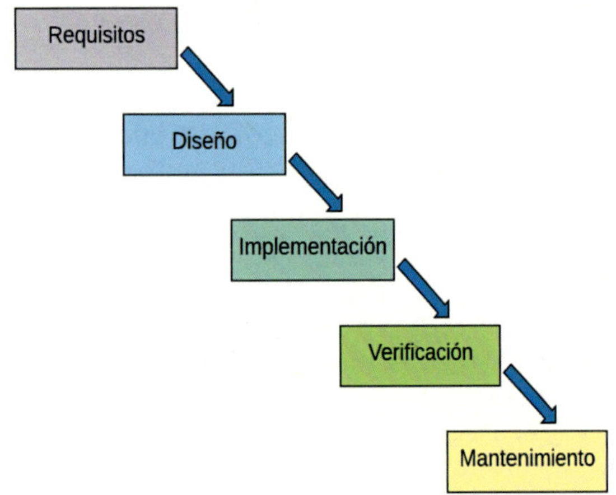

El modelo en cascada propone que las fases del desarrollo de software se ejecuten de manera secuencial, compuesto por 5 fases comenzando por los requisitos, seguido del diseño, implementación, verificación y mantenimiento (Royce, 1970, p. 329).

Para Sommerville (2016), la fortaleza principal del modelo en cascada se encuentra en su simplicidad, lo cual lo hace apropiado para proyectos pequeños y con requisitos claramente definidos (p. 35).

Por todo lo anterior, se consideró el empleo de este modelo y las actividades que se llevaron a cabo para el desarrollo del proyecto de la aplicación web GymManager se describen en las siguientes fases.

Análisis

En este proceso de planificación inicial, se reunió información para tener una base sólida para proseguir con el diseño de la aplicación. El propósito principal de una aplicación web de administración de usuarios para un gimnasio es centralizar la gestión de miembros, suscripciones, pagos y control de acceso, mejorando así la eficiencia operativa y la experiencia del cliente (Kumar y Raj, 2020).

En esta parte se realizó una investigación de campo, en la cual se recopiló información a través de entrevistas con los responsables de tres gimnasios del municipio de Tenosique, sobre la administración y controles que llevan a cabo; partiendo de estas, se diseñó una encuesta con preguntas específicas orientadas a resolver algunas dudas que surgieron después de la entrevista dirigidas específicamente al gimnasio público del centro deportivo del municipio de Tenosique.

Diseño

En esta fase, con la información que se reunió, se inició el diseño de cómo se verá visualmente la aplicación web. El diseño de la aplicación web para la administración de usuarios del gimnasio público del centro deportivo del municipio de Tenosique tiene como objetivo optimizar la gestión de miembros, suscripciones, reservas y pagos. Este tipo de sistema permite automatizar tareas administrativas, mejorar la experiencia del usuario y facilitar el acceso a datos relevantes para la toma de decisiones.

Las funcionalidades esenciales incluyen el registro y la gestión de usuarios, el control de membresías, la programación de clases, el historial de asistencia, los pagos en línea y los reportes analíticos (Kumar y Raj, 2020).

Para la construcción del sistema, se utilizaron herramientas tales como Adobe Dreamweaver, que es un editor web bastante útil a la hora de diseñar y programar en un entorno web, y Erwin Data Modeler para el diseño de la base de datos en cuestión.

Figura 1: *Código fuente en HTML.*

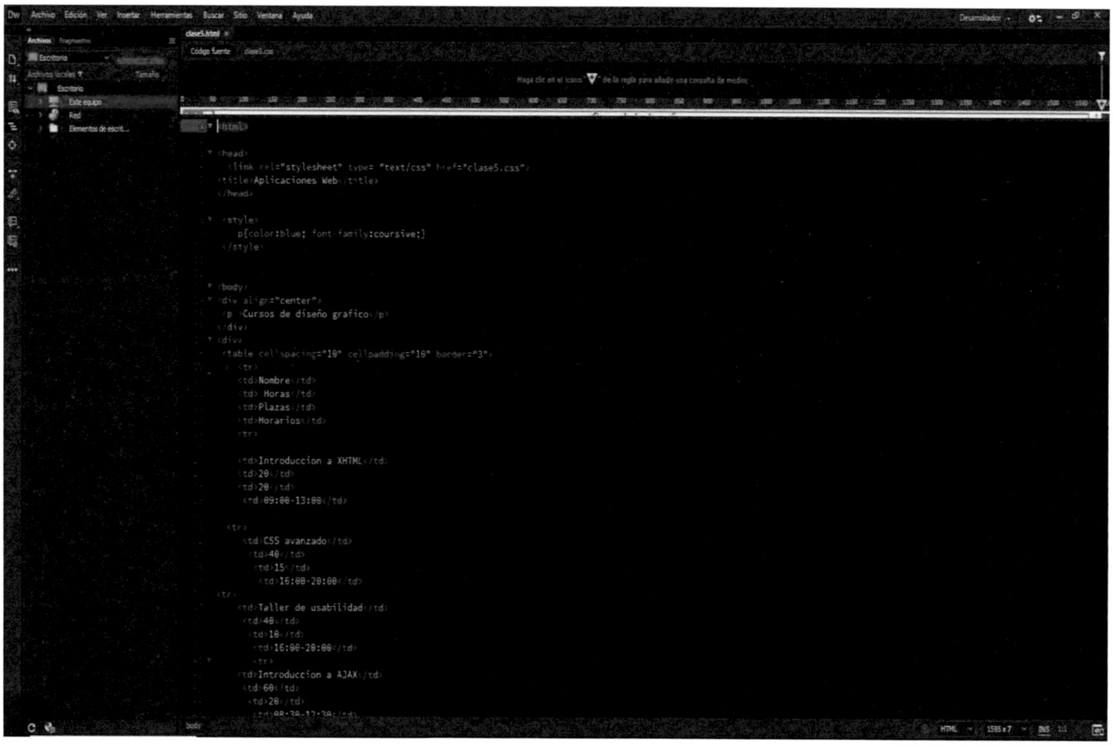

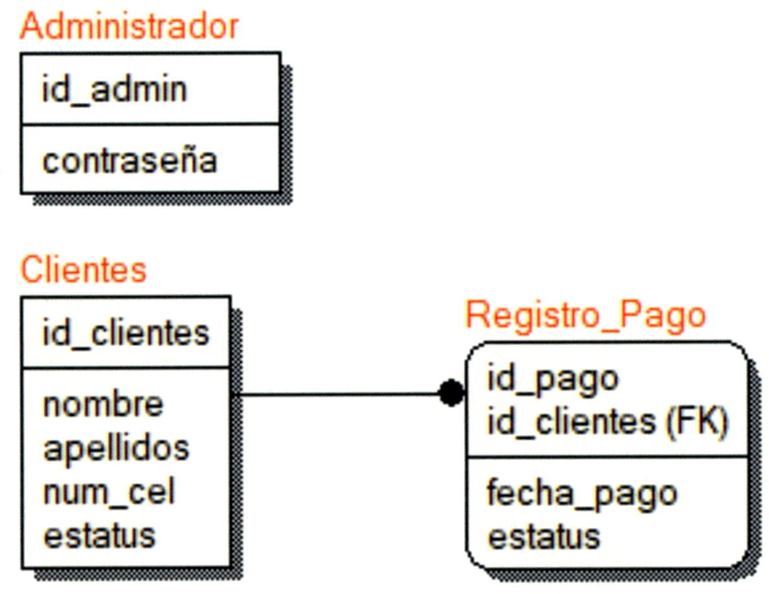

Figura 2: *Base de datos del sistema.*

Resultados y discusión

El modelo de desarrollo en cascada, a pesar de ser considerado obsoleto por muchos, sigue siendo útil en contextos donde se requieren procesos controlados y predecibles. Su comprensión es fundamental para entender la evolución de los modelos de desarrollo de software y valorar las metodologías más modernas.

La construcción de la aplicación web se realizó de manera sencilla aplicando un diseño estético y fácil de manejar para el usuario. Tal como se aprecia en la Figura 3.

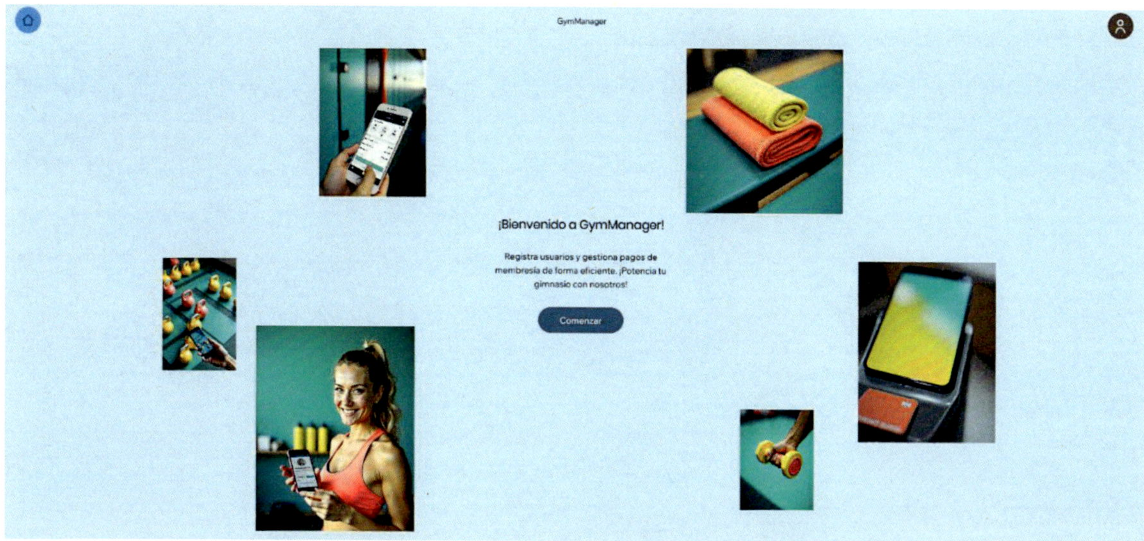

En la Figura 4 se pueden apreciar los servicios que ofrece la aplicación y los tipos de pagos o membresías, a los cuales el cliente puede acceder a la hora de ser registrado.

Figura 4: *Servicios ofrecidos por el gimnasio.*

En la Figura 5 se muestra la pantalla donde se registra la información de los usuarios, y a un lado se visualiza una tabla donde se muestran los datos de los usuarios registrados en el sistema. A su vez, debajo de la tabla hay algunos iconos, los cuales tienen la función de manipular la información de los usuarios registrados, tales como modificar, guardar, imprimir y eliminar.

Figura 5: *Pantalla de registro y administración de usuarios.*

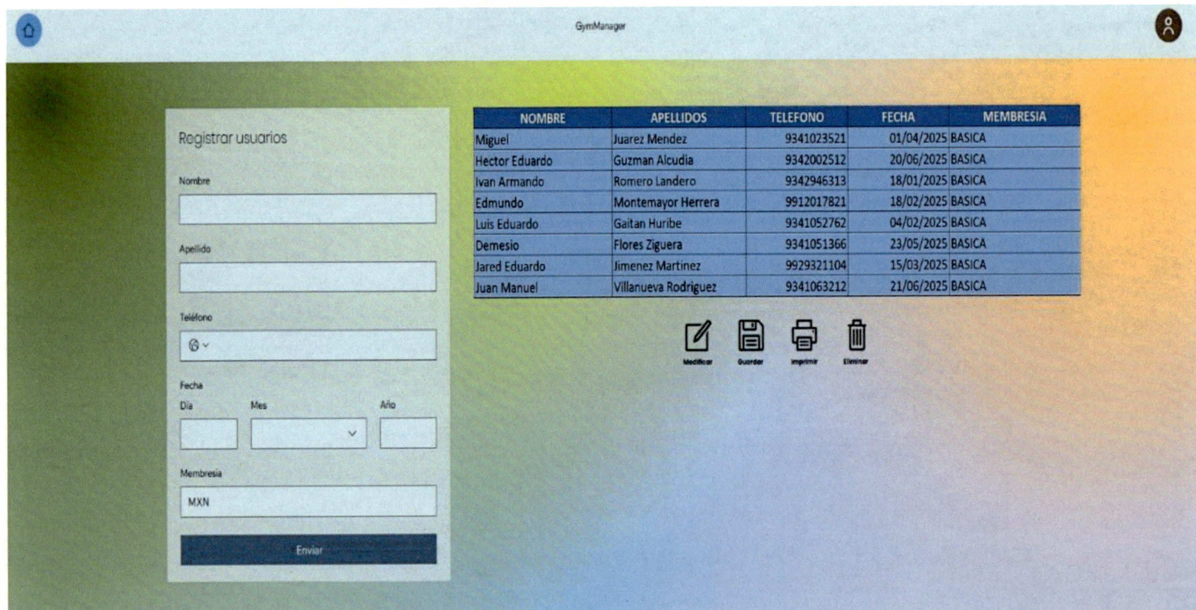

NOMBRE	APELLIDOS	TELEFONO	FECHA	MEMBRESIA
Miguel	Juarez Mendez	9341023521	01/04/2025	BASICA
Hector Eduardo	Guzman Alcudia	9342002512	20/06/2025	BASICA
Ivan Armando	Romero Landero	9342946313	18/01/2025	BASICA
Edmundo	Montemayor Herrera	9912017821	18/02/2025	BASICA
Luis Eduardo	Gaitan Huribe	9341052762	04/02/2025	BASICA
Demesio	Flores Ziguera	9341051366	23/05/2025	BASICA
Jared Eduardo	Jimenez Martinez	9929321104	15/03/2025	BASICA
Juan Manuel	Villanueva Rodriguez	9341063212	21/06/2025	BASICA

Discusión

El desarrollo de la aplicación web ha permitido evidenciar diversas ventajas tecnológicas y organizacionales. Durante las pruebas del sistema, se observaron mejoras significativas en la gestión de la información de los clientes, así como en la automatización de procesos previamente realizados de forma manual, como la verificación de pagos, la emisión de reportes y la renovación de membresías.

Uno de los principales hallazgos fue la reducción del tiempo administrativo requerido para registrar nuevos usuarios y controlar los pagos mensuales. Este resultado está alineado con lo planteado por Pressman y Maxim (2020), quienes destacan que los sistemas personalizados pueden aumentar la eficiencia operativa al eliminar tareas redundantes y facilitar la toma de decisiones basada en datos actualizados.

Asimismo, la aplicación contribuye a mejorar la transparencia y trazabilidad de los pagos, al integrar funcionalidades que permiten a los usuarios visualizar el historial de sus transacciones, fechas de vencimiento y próximos pagos. Esta característica no solo optimiza la gestión interna, sino que también fortalece la confianza de los clientes, tal como se ha documentado en investigaciones previas sobre sistemas de gestión financiera en pymes (Laudon & Laudon, 2020).

Conclusión

El desarrollo de la aplicación web ha demostrado ser una solución efectiva para modernizar y optimizar los procesos administrativos. La automatización de tareas como el registro de nuevos clientes, el seguimiento de membresías y la verificación de pagos permite una mejora sustancial en la eficiencia operativa, reduciendo el margen de error humano y agilizando el acceso a la información en tiempo real.

Los resultados obtenidos evidencian que incluso en organizaciones de menor escala, como un gimnasio de barrio, la transformación digital mediante el desarrollo de software personalizado puede ofrecer ventajas competitivas importantes. Este hallazgo coincide con lo señalado por Laudon y Laudon (2020), quienes afirman que los sistemas de información bien diseñados mejoran la toma de decisiones, el control de procesos y la atención al cliente.

En conclusión, la experiencia obtenida reafirma que el desarrollo de aplicaciones web orientadas a la solución de problemas específicos en contextos locales, como en este caso en específico, puede generar un alto valor, tanto en términos de productividad como de satisfacción del usuario. Se recomienda continuar con la mejora del sistema, incluyendo funcionalidades como reportes automatizados, recordatorios de pagos y estadísticas de uso, para consolidar aún más su impacto positivo en la gestión del gimnasio.

Referencias

Avison, D., & Fitzgerald, G. (2006). Information systems development: Methodologies, techniques and tools (4.ª ed.). McGraw-Hill.

Gómez, P., & Ramírez, L. (2021). Transformación digital en centros deportivos. Editorial FitnessTech. https://doi.org/10.56712/latam.v5i4.2321

Kumar, A., & Raj, R. (2020). Web Application for Gym Management System. International Journal of Engineering Research & Technology (IJERT), 9(7). https://www.ijsrtjournal.com/article/Gym-Management-System

Laudon, K. C., & Laudon, J. P. (2020). Management Information Systems: Managing the Digital Firm (16th ed.). Pearson. https://www.scirp.org/reference/referencespapers?referenceid=3794844

López, J., & Martínez, R. (2020). Innovación y tecnología en la gestión de gimnasios. Revista de Ciencias del Deporte, 15(2), 45-60. https://editorial.universidadean.edu.co/media/acceso-abierto/gestion-de-tecnologia-e-innovacion-ean.pdf

Meza Herrera, J. A. (2016). Sistema de información para la gestión de gimnasios (Trabajo de grado). Universidad Central de Venezuela. https://repositorio.ucp.edu.co/server/api/core/bitstreams/bcb95bd4-e416-47ad-8ccf-caa6873984f5/content

Nielsen, J. (2012). Usability 101: Introduction to Usability. Nielsen Norman Group. https://scirp.org/reference/referencespapers?referenceid=4046825

Pressman, R. S. (2010). Ingeniería de software: Un enfoque práctico (7.ª ed.). McGraw-Hill. http://artemisa.unicauca.edu.co/~cardila/IS__Libro_Pressman_7.pdf

Pressman, R. S., & Maxim, B. R. (2020). Software Engineering: A Practitioner's Approach (9th ed.). McGraw-Hill. https://intranetssn.github.io/www.ssn.net/twiki/pub/CseIntranet/CseBCS6403/PressmanBook.pdf

Royce, W. W. (1970). Managing the development of large software systems. Proceedings of IEEE WESCON, 26(8), 328–338.

Shneiderman, B., Plaisant, C., Cohen, M., Jacobs, S., & Elmqvist, N. (2016). Designing the User Interface: Strategies for Effective Human-Computer Interaction. Pearson. https://www.researchgate.net/publication/240953629_Designing_the_user_interface_strategies_for_effective_human-computerinteraction

Sommerville, I. (2016). Ingeniería de software (9.ª ed.). Pearson Educación. https://www.academia.edu/35470384/ENGENHARIA_DE_SOFTWARE_9a_EDICAO_IAN_SOMMERVILE?utm_source=chatgpt.com

Capítulo 9

La responsabilidad social en una universidad del sur de México.

Karla Vanesa Castellano Pérez[1], Jesús Chan Hernández[2], Sandra Aguilar Hernández[3], Pablo Enrique Jasso Macossay[4], Hardy Francisco Platas Rodríguez[5] *karlacapeka@gmail.com.*

Resumen

El presente estudio analiza la percepción y aplicación de la Responsabilidad Social Universitaria (RSU) en la División Académica Multidisciplinaria de los Ríos (DAMR) de la Universidad Juárez Autónoma de Tabasco (UJAT), enfocándose en docentes y estudiantes del programa educativo de administración. Bajo un enfoque cuantitativo y descriptivo, se aplicó un instrumento validado, basado en el modelo de Vallaeys, que contempla cuatro dimensiones: gestión ética y ambiental, formación de ciudadanos solidarios, producción de conocimiento pertinente y participación social. La muestra incluyó a 133 estudiantes y 19 docentes, arrojando resultados que indican una valoración general "inadecuada" de la RSU, según la escala de baremo de Arévalo Alva (2017). Pese a contar con índices aceptables de confiabilidad estadística, los niveles de conocimiento y aplicación de la RSU resultan bajos en todas las dimensiones. Esta situación resalta la necesidad de reforzar las estrategias formativas y de gestión institucional para incorporar la RSU como eje transversal en la educación superior. Se concluye que es fundamental sensibilizar a la comunidad universitaria sobre su papel en la transformación social y ambiental, integrando la RSU en los procesos académicos, administrativos y sociales de la universidad.

Palabras clave: Sociedad, desarrollo, desarrollo sustentable, gestión ambiental, participación.

[1] karlacapeka@gmail.com, 0009-0002-6930-9252, UJAT- DAMRIOS, Tenosique, Tabasco, México.
[2] jesus.chanh@ujat.mx, 0000-0003-3072-8134, UJAT- DAMRIOS, Tenosique, Tabasco, México.
[3] sandra_aguila74@hotmail.com, 0000-0002-1061-8002, UJAT- DAMRIOS, Tenosique, Tabasco, México.
[4] pajama1910@gmail.com, 0009-0006-1415-2234, UJAT- DAMRIOS, Tenosique, Tabasco, México.
[5] jjplate@hotmail.com, 0000-0002-9336-4545, UJAT- DAMRIOS, Tenosique, Tabasco, México.

Introducción

Actualmente, los seres humanos vivimos en un medio social afectado por las condiciones climatológicas, influyendo no solo en el desarrollo social de las personas, sino en el ámbito productivo y económico lo que se considera un factor relevante dentro de las organizaciones; todo esto como resultado de la falta de conciencia de parte de empresas que impactan fuertemente en el medio ambiente y que existió un tiempo prolongado con ausencia de acciones.

Es así como Vallaeys (2014) plantea que el concepto de RSU fue impulsado por la Red Chilena "Universidad Construye País" y la red Latinoamericana de Universidades por la "Iniciativa Interamericana de Ética, Capital Social y Desarrollo", la cual fue promovida por el gobierno noruego en el seno del Banco Interamericano de Desarrollo (BID).

Vallaeys (S.f.), también menciona que la RSU es un proceso de mejora continua en el cual las universidades deben trabajar para cumplir su misión social, la cual consta de cuatro procesos: Gestión, Formación, Producción y Difusión y Participación Social.

El término de RSU se introdujo con la intención de que los sujetos adquieran en su formación universitaria los elementos básicos que competen a esta área. Se ha determinado el concepto de RSU como el compromiso que adquiere la entidad educativa para brindar la formación a los individuos de educación superior por medio de las disciplinas y discernimientos para ser aplicados en un futuro en empresas, organizaciones, comunidades y sociedades (Varela, Pérez y Gómez, 2017; Gilli, 2006; Fernández, 2014). Sin embargo, se ha detectado la necesidad de realizar un análisis en las Instituciones de Educación Superior (IES) para determinar si se están llevando a cabo acciones en función de fomentar soluciones en el ámbito social y ambiental. Por lo que esta investigación se realizará en la División Académica Multidisciplinaria de los Ríos (DAMR) de la Universidad Juárez Autónoma de Tabasco (UJAT).

Melé (2007), menciona que las diferentes escuelas del pensamiento y los diferentes enfoques que existen, tienen un rol fundamental el cual ha permitido ir desarrollando y analizando el término. Es necesario tener en cuenta que las enseñanzas de las IES también consisten en el profesionalismo e investigación a desarrollar en los alumnos en beneficio del conocimiento y la sociedad.

La Responsabilidad Social también puede ser denominada Responsabilidad Social Empresarial (RSE) y Responsabilidad Social Corporativa (RSC) (Villafán. 2020; Palacio Flórez, 2020). Debido al panorama actual, las organizaciones se encuentran más interesadas en implementar la Responsabilidad Social dentro de sus organizaciones, debido a los problemas ambientales, sociales y económicos existentes. También existe la Responsabilidad Social Universitaria (RSU), Varela et al. (2017), mencionan que la RSU debe ser considerada como la antecesora de la RSE, esto debido al aprendizaje de conocimientos y herramientas estudiadas dentro de las Instituciones de Educación Superior (IES), dicho conocimiento permitirá ser aplicado en un futuro dentro de organizaciones públicas, privadas y ante la sociedad.

Es prioritario que en la formación académica de los jóvenes entiendan los conceptos importantes sobre Responsabilidad Social Universitaria (RSU), con la cual pueden llegar a adquirir por medio de las disciplinas e instrumentos que las Instituciones de Educación Superior (IES) les brindan. Para después aplicar la Responsabilidad Social Empresarial (RSE)

Gaete (2015) y Vélez Romero y Cano Lara (2016) mencionan que desde el año 1998 la Organización de las Naciones Unidas para la Cultura, las Ciencias y la Educación (UNESCO) planteó la importancia de que las Instituciones de Educación Superior logren una mayor responsabilidad social en la sociedad, aplicando los conocimientos.

Es por ello la importancia de identificar los problemas y acciones que se pueden realizar dentro de la DAMR para lograr ser una IES con Responsabilidad Social Universitaria, y mostrar los trabajos, avances y desarrollos que se realizan por parte de los estudiantes, docentes y administrativos ante la sociedad en general y generar un impacto positivo.

Materiales y métodos

El estudio es de enfoque cuantitativo de tipo descriptivo con el objetivo de identificar la Responsabilidad Social Universitaria en profesores y estudiantes del programa educativo de administración en una universidad de la región de los ríos en Tabasco.

A partir de la revisión de la literatura de Vallaeys (S.f.), se diseñó el constructo teórico de la Responsabilidad Social Universitaria y sus cuatro dimensiones: Gestión ética y ambiental de la institución, Formación de ciudadanos conscientes y solidarios, Producción y difusión de conocimientos socialmente pertinentes y Participación social en desarrollo más equitativo y sostenible. Retomando como el autor principal a Vallaeys.

Figura 1. *Constructo de la Responsabilidad Social Universitaria.*

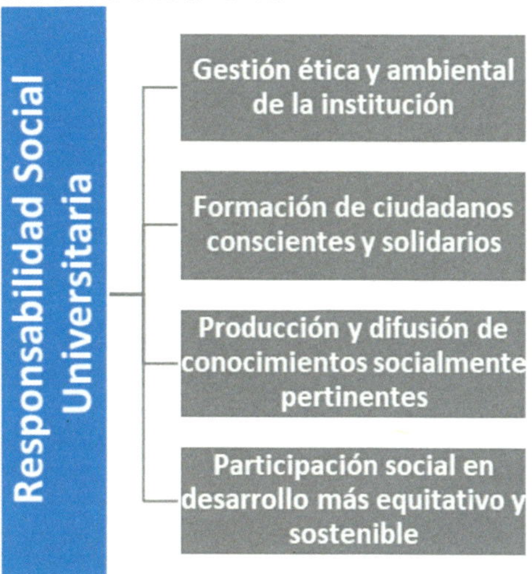

Nota: Con base en la revisión de la literatura actual.

Se elaboró y validó un instrumento para la obtención de datos que permita describir el desarrollo de la Responsabilidad Social Universitaria en docentes y alumnos del programa educativo de administración, a partir de la identificación del constructo, gestiones y posibles acciones. Se aplicó un censo a un total de 133 estudiantes inscritos para ese momento y a 19 docentes activos, lo anterior para obtener información más completa del fenómeno de estudio.

De esta forma, se obtuvo un índice de alfa de Cronbach por arriba de los .700 los cuales se presentan a continuación:

Tabla 1. *Índice de alfa de Cronbach.*

Dimensiones	Alpha de Cronbach
Gestión ética y ambiental de la institución	.798
Formación de ciudadanos conscientes y solidarios	.869
Producción y difusión de conocimientos socialmente pertinentes	.893
Participación social en desarrollo más equitativo y sostenible	.755

Nota: Elaboración propia con base en los resultados obtenidos con base acreditada obtenida.

Los índices de alfa de Cronbach son aceptables considerando lo descrito por Lee J. Cronbach en 1951, mencionado por Oviedo y Campo-Arias (2005), al registrarse índices en rangos de 0.755 como mínimo y 0.893 como máximo, por lo cual se da a entender que los ítems que integraron al instrumento son aceptables. No obstante, se aplicó el análisis factorial exploratorio para determinar de manera más exacta el comportamiento de los ítems.

Resultados y discusión

Los análisis de fiabilidad indican resultados aceptables de los ítems que se estudian. De esta forma, se presentan los datos generales y la determinación de la RSU en la población de estudios.

Datos generales
Edad.
Figura 2. *Edad.*

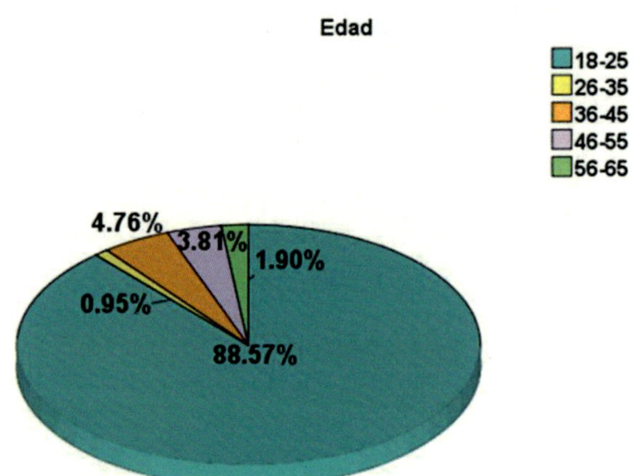

Nota: Información obtenida con base en la participación de la población de estudio.

La figura 2 revela una distribución de edades sumamente desigual, con una concentración abrumadora (88.57%) en el grupo de 18-25 años, mientras que los demás rangos etarios aparecen como minorías marginales (todos por debajo del 5%) lo que invita a reflexionar sobre las causas detrás de esta distribución y su alineación con los objetivos de la investigación.

Género
Figura 3. *Género.*

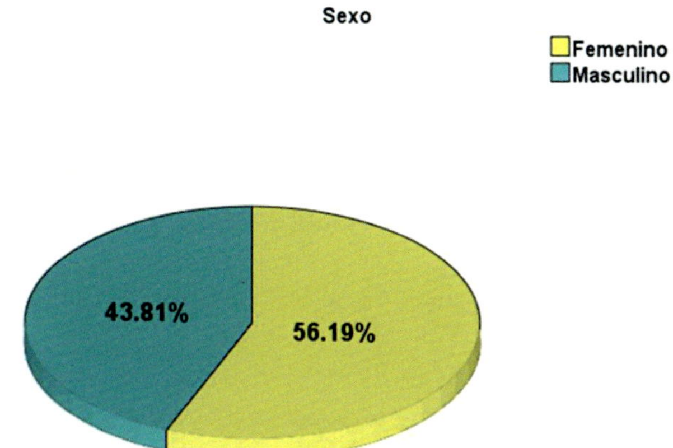

Nota: Información obtenida con base en la participación de la población de estudio.

Las mujeres representan 56.19% de la muestra, frente a un 43.81% de hombres. Esto indica una distribución relativamente equilibrada, pero con una presencia femenina levemente mayor.

Figura 4. *Categoría.*

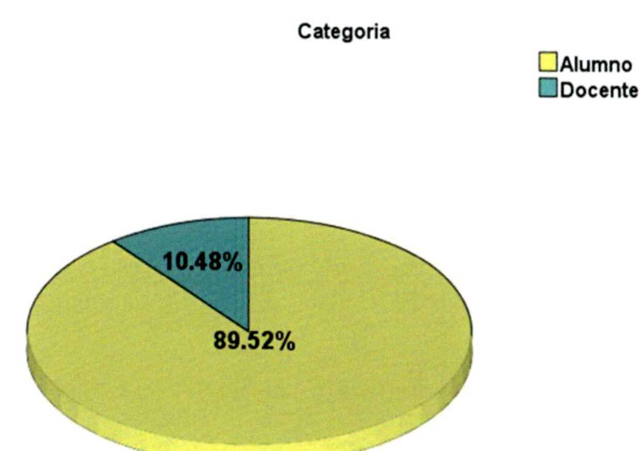

Nota: Información obtenida con base en la participación de la población de estudio.

Los estudiantes representan casi el 90% de la muestra, lo que indica que la gran mayoría de los datos provienen de este grupo. La distribución refleja una muestra centrada en la perspectiva estudiantil, lo que es válido si el estudio busca analizar su experiencia. Sin embargo, para temas que requieran equilibrio de actores educativos (p. ej.: calidad docente, políticas académicas).

Responsabilidad Social Universitaria

Para el procesamiento de datos se usó la técnica de la escala de Baremo de Arévalo Alva (2017). Dicha escala de baremo se tropicalizó de acuerdo con los datos del instrumento. Así mismo se crearon nuevas preguntas de acuerdo con la revisión de la literatura, dejando como un total de 39 ítems el instrumento final. La escala de calificación fue de la siguiente manera:

Tabla 2. *Escala de calificación.*

Escala de calificación	
Nunca	1
Casi nunca	2
Pocas veces	3
Algunas veces	4
Casi siempre	5
Siempre	6

Nota: Con base en la metodología de Arévalo Alva (2017).

Para el procesamiento de datos se utilizó la técnica de la escala de baremo con una escala valorativa, tal como se muestra en la siguiente tabla de la variable:

Tabla 3. *Variable: Responsabilidad Social Universitaria.*

Intervalo	Valoración
39.5 a 104.5	Inadecuado
104.5 a 169.5	Regular
169.5 a 234.5	Adecuado

Nota: Con base en la metodología de Arévalo Alva (2017).

Es así, que se determinó los niveles promedio de RSU en la Dependencia de Educación Superior en estudio dándose los siguientes resultados:

Tabla 4. *Valores obtenidos de RSU.*

Dimensión RSU	Promedio obtenido	valoración RSU
Gestión ética y ambiental de la institución	4463*100/5670=78.71%	Inadecuado
Formación de ciudadanos conscientes y solidarios	4363*100/6300= 69.26%	Inadecuado
Producción y difusión de conocimientos socialmente pertinentes	4605*100/6300= 73.09%	Inadecuado
Participación social en desarrollo más equitativo y sostenible	4995*100/6300= 79.28%	Inadecuado

Nota: Información obtenida con base en la participación de la población de estudio.

Se tomó el valor general por cada dimensión para luego realizar un cálculo aritmético de regla de tres para determinar el porcentaje de RSU que se conoce por cada dimensión y de esta manera se determina su valoración.

Es así que la valoración de RSU analizada alcanza valores inadecuados, los cuales están en los intervalos de 39.5 a 104.5 según el baremo de Arévalo Alva (2017).

Es necesario reforzar los mecanismos de RSU dentro de la dependencia de educación superior, donde gran parte de su población desconoce su aplicación o incluso en su metodología de aplicación, donde actualmente se requiere de una universidad que ayude a resolver problemas sociales de su entorno.

Conclusión

Los resultados de esta investigación revelan una valoración inadecuada de la Responsabilidad Social Universitaria (RSU) en la División Académica Multidisciplinaria de los Ríos (DAMR) de la Universidad Juárez Autónoma de Tabasco. A pesar de contar con una estructura teórica sólida y un instrumento de evaluación confiable, se evidencia que tanto docentes como estudiantes presentan un bajo nivel de apropiación y práctica de los principios fundamentales de la RSU en sus dimensiones de gestión ética y ambiental, formación de ciudadanos conscientes, producción de conocimiento pertinente y participación social.

Esto sugiere una necesidad urgente de fortalecer los mecanismos institucionales que promuevan una cultura de responsabilidad social en el ámbito universitario. La incorporación transversal de la RSU en los planes de estudio, actividades de extensión y estrategias de gestión podría ser clave para transformar a la universidad en un agente activo de cambio social y ambiental en la región.

Asimismo, se recomienda continuar con estudios que profundicen en las causas de esta baja valoración y que permitan diseñar intervenciones eficaces para integrar de manera sistemática la RSU en todas las funciones sustantivas de la universidad.

Referencias

Arévalo Alva, L. D. (2017). *"Responsabilidad social universitaria y la gestión institucional de la Universidad Nacional de San Martín sede Tarapoto en el año 2016"*. [TESIS PARA OBTENER EL GRADO ACADÉMICO DE MAGÍSTER EN GESTIÓN DE PÚBLICA] ESCUELA DE POSGRADO UNIVERSIDAD CÉSAR VALLEJO. https://hdl.handle.net/20.500.12692/16665

Fernández, A. I. (2014). Antecedentes y evolución histórica de la responsabilidad social corporativa. *Strategos*, p.75-82.

Gaete Quezada, R. A. (2015). El concepto de responsabilidad social universitaria desde la perspectiva de la alta dirección. *Cuadernos de Administración*, Vol. 31 (N° 53), p. 97.

Gilli, J. J. (2006). Responsabilidad social. *Revista Científica "Visión de Futuro"*, 5 (1).

Melé, D. (2007). *Responsabilidad social de la empresa: una revisión crítica a las principales teorías*, Revista Ekonomiaz, 65. 50-67.

Oviedo, H. C., & Campos-Arias, A. (2005). Aproximación al uso del coeficiente alfa de Cronbach. *Revista Colombiana de Psiquiatría*. 34, 4

Palacio Flórez, A. K. (2020). Responsabilidad social empresarial: evolución e importancia dentro de las organizaciones. Revista Colombiana de Contabilidad. 8, 15.

Vallaeys, F. (2014). "La responsabilidad social universitaria: un nuevo modelo universitario contra la mercantilización". *Revista Iberoamericana de Educación Superior*, 5, 12.

Vallaeys, F. (S.f.). *La Responsabilidad Social Universitaria: ¿Cómo entenderla para querer practicarla?* Pontificia Universidad Católica del Perú. p. 5.

Varela, S. M., Pérez, D. M. & Gómez, D. F. (2017). *Aproximación a modelos de Responsabilidad Social Universitaria (RSU) y su alcance en el entorno de influencia.* (Trabajo de grado de Administración de Negocios). Universidad de San Buenaventura, Colombia, Facultad de Ciencias Empresariales, Medellín. p. 12.

Vélez Romero, X.A. Y Cano Lara, E. (2016). Los diferentes tipos de responsabilidad social y sus implicaciones éticas. *Revista Científica Dominio de las Ciencias.* 2, 3.

Villafán Vidales, K. B. (2020). Evolución conceptual de la responsabilidad social. *Revista de la Facultad de Contaduría y Ciencias Administrativas.* Vol. 5,10.

Capítulo 10

Análisis de un programa social para el empleo en Tabasco.

Alejandra Mijangos Hernández[1], Jesús Chan Hernández[2], Pablo Enrique Jasso Macossay[3], Marisol González Hernández[4], Heradia Pascual Cornelio[5], (*amijangos392@gmail.com).*

Resumen

El estudio analiza la implementación del programa Jóvenes Construyendo el Futuro en PYMES de Tenosique, Tabasco, bajo un enfoque cuantitativo descriptivo. Los resultados revelan que el 79.41% de los becarios recibió información sobre sus funciones, mientras que 20.59% no, evidenciando fallas en la comunicación interna. El 67.65% fue evaluado en sus capacidades al ingresar, contra 32.35% sin diagnóstico, lo que sugiere falta de estandarización en procesos de contratación. La investigación fue de tipo cuantitativa con un alcance descriptivo, basada en un cuestionario adaptado del SENCE (Chile), evaluó dimensiones como metodología del curso, modalidad presencial y rol del facilitador, obteniendo puntajes superiores al 80%, lo que indica satisfacción con la capacitación. No obstante, se identificaron desafíos clave como pueden ser desvío de recursos: baja participación de PYMES: Microempresarios desconocen los beneficios del programa; falta de seguimiento: limitada transición de becarios al mercado laboral formal. El estudio concluye que, aunque el programa cumple con sus objetivos formativos, requiere mayor supervisión, evaluaciones diagnósticas universales y capacitación a empleadores para potenciar su impacto.

Palabras clave: Capacitación laboral, PYMES, evaluación diagnóstica, políticas sociales, México.

---

[1] amijangos392@gmail.com, 0009-0005-8647-6003, UJAT- DAMRIOS, Tenosique, Tabasco, México.

[2] jesus.chanh@ujat.mx, 0000-0003-3072-8134, UJAT- DAMRIOS, Tenosique, Tabasco, México.

[3] pajama1910@gmail.com, 0009-0006-1415-2234, UJAT- DAMRIOS, Tenosique, Tabasco, México.

[4] magohe76@hotmail.com, 0000-0003-1869-607X , UJAT- DAMRIOS, Tenosique, Tabasco, México.

[5] 5 heradia@hotmail.com, 0000-0003-1624-0685, UJAT- DAMRIOS, Tenosique, Tabasco, México.

Introducción

El programa Jóvenes Construyendo el Futuro fue implementado durante el gobierno del expresidente Andrés Manuel López Obrador (2018-2024) de México, tomando en consideración el número de personas que no estudian ni trabajan. La Secretaría de Trabajo y Previsión Social (STPS) (2018) encontró que en la población en un rango de edad entre los 18 y 29 años no trabajan, lo que equivale a 24.2 millones de personas y que es el 19.3% de la población total de México, estimación elaborada por la Encuesta Nacional de Ocupación y Empleo (ENOE) (INEGI, 2018).

El programa fue implementado con el objetivo de capacitar a jóvenes que se encuentren en ese rango de edad antes mencionado, los cuales no reciben ningún ingreso económico por ningún otro programa, brindándoles una beca mensual y un seguro médico durante un período de hasta 12 meses. El programa invita a las diferentes medianas y pequeñas empresas (PYMES) a que reciban a una persona becaria que les ayude en su proceso laboral y que a la vez aprenda un oficio, con base en las reglas que este mismo marca para que posteriormente pueda tener las competencias para el campo laboral.

En la presente investigación se habla acerca del aprendizaje organizacional y su relación con la capacitación laboral en vinculación del programa Jóvenes Construyendo el Futuro en las PYMES del municipio de Tenosique, Tabasco, el aprendizaje junto con la capacitación tiene poca percepción en los microempresarios y desconocen los beneficios e innovaciones que pueden impactar de manera positiva en la organización, el recurso humano ya pasó a ser de vital importancia pues de este dependen las actividades de producción para que la organización se enfrente y confronte los constantes cambios externos y sobresalga en el mercado laboral, también incita a tener crecimiento y un valor agregado. Hitt *et al.* (2016) mencionan en su Teoría de los recursos y capacidades que es de vital importancia el ingenio humano porque este brinda a las organizaciones todas sus habilidades, destrezas, conocimientos, capacidades de toma de decisiones e intelectuales para su beneficio.

Filion y Cisneros, (2011) describen que capacitar al personal es un proceso donde se espera obtener como resultado que el individuo desarrolle múltiples aprendizajes, dándoles el acceso de conocimientos, así como de información que mejoren sus competencias, desarrollen sus habilidades y aptitudes las cuales les enseñara a mejorar en sus labores de trabajo mientras que Dessler (2009) menciona que el "correcto adiestramiento proporcionará a los nuevos empleados y antiguos, las competencias y habilidades que requieren para realizar su trabajo" (p. 294).

Una empresa u organización sin importar su tamaño o giro no debe dejar de lado este proceso de suma importancia, pues debe asegurarse de que su recurso humano esté al frente y a la vanguardia, capacitar regularmente a su recurso humano traerá consigo éxito y estarán altamente calificados. Sin embargo, ha sido común esta falta de conocimiento, que debido a eso existe tanto desperdicio de talento humano que existe porque no se sabe identificarlos, la forma más común que realizan las organizaciones en cuestión de capacitación es la de comisionar o delegar la responsabilidad a un empleado ya sea "antiguo, veterano o experimentado" la labor de instruir al nuevo y en ocasiones resulta que estos no tienen ni la más mínima idea o conocimiento de las funciones que va a desarrollar el nuevo.

Esta situación es muy frecuente en el sector laboral, donde la experiencia del primer empleo toma forma para que el aprendiz tenga nuevos conocimientos. Por eso, es innegable que con el adiestramiento correcto se obtendrán resultados positivos y sobre todo que si se planifican las actividades con base a las necesidades de la organización sin dejar de lado el enfoque principal, que es capacitar al recurso humano de tal forma que cuando llegue el momento indicado este ya contará con todos los conocimientos, habilidades aptitudes y actitudes suficientes, que habrá adquirido y desarrollado gracias a la participación, control y sobre todo la supervisión de la organización, estos deberán ser los suficientemente adecuados para que sean competentes y capaces de enfrentar con éxito total su actual o futuro trabajo.

Una de las principales inquietudes tiene origen en la falta de inspección y supervisión de los beneficios y los centros de trabajo afiliados al programa. Se ha especulado que algunos empleadores retienen una parte del apoyo económico destinado a los jóvenes, lo que pone en duda la aplicación del programa (Ruiz-Healy, 2024).

Además, existe una percepción en la comunidad de que el programa no está logrando su objetivo de introducir a los jóvenes en un empleo real. Algunos críticos argumentan que, en lugar de fomentar el desarrollo de habilidades y competencias laborales, se podría estar fomentando una dependencia económica con los beneficiarios, sin garantizar una transición efectiva hacia empleos estables y bien remunerados.

Las pequeñas y medianas empresas (PYMES) son aquellas que concentran gran parte de la masa salarial de Tenosique; por lo tanto, el objetivo del estudio es encontrar las razones por las cuales estos tipos de organizaciones muestran una baja participación en programas de capacitación. Es por ello, la importancia de identificar las acciones que las PYMES de Tenosique, Tabasco no están realizando y desvían el objetivo principal de este programa, lograr hacerles partícipes de lleno y que se sientan comprometidos para poder crear personal preparado para cualquier adversidad que se les presente dentro del área laboral.

Materiales y métodos

La presente investigación fue de enfoque cuantitativo descriptivo (Hernández Sampieri, 2014) con el objetivo de identificar la percepción que tienen las Pymes sobre el programa social "Jóvenes Construyendo el Futuro" y su eficiencia en la capacitación, beneficios derivados de la capacitación de los aprendices para conseguir el rendimiento de la organización. Por medio del Directorio Estadístico Nacional de Unidades Económicas (DENUE INEGI) se llevó a cabo la determinación de la muestra y delimitación de las PYMES que fueron encuestadas.

Se suministró un cuestionario denominado *"Caracterización de las Necesidades de Capacitación Vinculadas a la Micro y Pequeñas Empresas"* desarrollado por el gobierno de Chile en el año 2001 y adaptado a través del Servicio Nacional de Capacitación y Empleo (SENCE 2023), siendo manejadas escalas de Likert con respuestas en modo frecuencia.

El cuestionario elaborado por el SENCE se compone de un total de tres dimensiones y subdimensiones, estas, a su vez, de variables que permiten evaluar los distintos elementos y etapas del programa. Las dimensiones y subdimensiones se detallan a continuación:

1. Curso:
    a. Metodología del curso.
    b. Desarrollo del curso modalidad presencial.
    c. Desarrollo del curso modalidad e-learning.
    d. Facilitador.
    e. Proveedor de capacitación.

2. Maestro guía.

3. Resultados.

Sin embargo, para el presente estudio el instrumento fue adaptado mediante las variables de estudio, se omitieron dos dimensiones ya que se consideraron fuera del objetivo, así como palabras acordes al lenguaje manejado en México quedando de la siguiente forma:

1. Metodología del curso.

2. Desarrollo del curso modalidad personal.

3. Facilitador.

4. Supervisión

5. Resultados.

Se aplicó una prueba de validación de alfa de Cronbach para el instrumento, obteniéndose los siguientes resultados:

Tabla 1. *Alfa de Cronbach.*

Dimensión	Alfa de Cronbach
Metodología del curso	.840
Desarrollo del curso modalidad personal	.842
Facilitador	.829
Supervisión	.858

Nota: Con base en los resultados obtenidos en la encuesta, la cual fue procesada en el software SPSS en su versión 23.

Como se observa, los puntajes de validación obtenidos oscilan en los valores de 0.800, los cuales son aceptables de acuerdo con lo mencionado por Roco Videla *et al.* (2024), donde los valores representan una mayor estabilidad en las cargas factoriales y en las respuestas de los participantes.

La muestra población fue 423 Pymes, sin embargo, por cuestiones de tiempo, decisión o factibilidad de los gerentes/propietarios solo se logró contar con la participación de 35 PYMES las cuales fueron seleccionadas de manera aleatoria y siempre y cuando estuvieran inscritas al programa de JCF, se eligió a las PYMES de la zona centro de Tenosique considerando que en esta se concentra la mayor cantidad de empresas del municipio y donde fluye más la economía.

Resultados y discusión

Se presentan en este apartado los resultados provenientes de la recolección de datos.

Figura 1. *Información del curso en el centro de trabajo.*

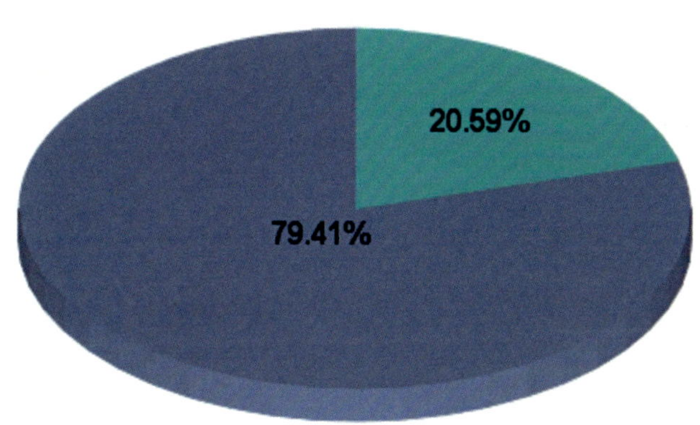

La gran mayoría (casi 80%) de las personas tenían información previa sobre su trabajo, lo que sugiere que el centro laboral generalmente brinda orientación o capacitación. Por otra parte, el 20.59% (1 de cada 5) no recibió información, lo que podría indicar:

- Falta de procesos de inducción para algunos colaboradores.

- Brechas en la comunicación interna.

Aunque la mayoría cuenta con información, hay un grupo significativo (20.59%) que no la tiene, lo que señala un área de oportunidad para mejorar la comunicación en el centro de trabajo.

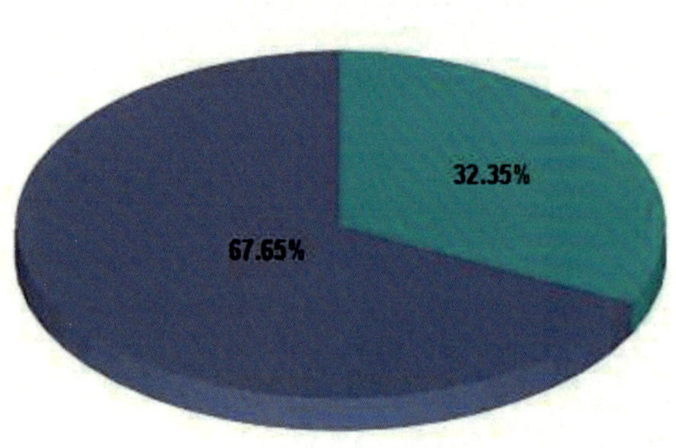

2 de cada 3 personas (67.65%) fueron evaluadas en sus conocimientos o capacidades al ingresar al centro de trabajo. Esto indica que, en general, hay un proceso establecido para diagnosticar habilidades. El 32.35% restante no recibió evaluación, lo que podría reflejar:

- Falta de estandarización en ciertos departamentos o roles.

- Contrataciones urgentes sin seguimiento estructurado.

Los centros de trabajo inscritos en el padrón de Jóvenes Construyendo el futuro sí realizan evaluaciones diagnósticas en la mayoría de los casos, pero existe un tercio del personal que queda fuera de este proceso, lo que podría generar inconsistencias en la productividad o la satisfacción laboral. Mejorar este porcentaje aseguraría un mejor alineamiento entre capacidades y tareas.

- **Capacitación del programa Jóvenes Construyendo el Futuro**

Así mismo, para determinar qué factores influyen durante este proceso de capacitación del programa social jóvenes construyendo el futuro se realizó un cálculo aritmético de los puntajes obtenidos en las dimensiones de: Aspectos metodológicos del curso, modalidad personal y patrón-facilitador-profesor; lo anterior a razón de la propia estructura del instrumento donde sus escalas permiten determinar el baremo siguiente:

 Tabla 2. Baremo de medición.

Dimensión	Baremo	Puntaje	Valor obtenido
Aspectos metodológicos del curso	• Nunca • A veces • Siempre	• 0-33.33 • 34-66.66 • 67-99.99	82.2%
Modalidad personal	• Buena • Regular • Mala	• 0-33.33 • 34-66.66 • 67-99.99	81.9%
Patrón-facilitador-profesor	• Nunca • A veces • Siempre	• 0-33.33 • 34-66.66 • 67-99.99	86.1%

__Nota__: Con base en resultados obtenidos en el análisis aritmético y de la metodología propuesta por el gobierno de Chile en el año 2023 a través del Servicio Nacional de Capacitación y Empleo (SENCE)

Los demás factores no se contabilizaron a razón de su propia naturaleza de respuesta, la cual era de tipo dicotómico y por ende su proceso de análisis es distinto. Sin embargo, en estos resultados se observa que en opinión de los encuestados sus niveles de respuesta se encuentran en niveles del 80% que de acuerdo con el baremo su calificación es de siempre o buena, según sea el caso de la dimensión. Este hallazgo es interesante al demostrar que el conocimiento adquirido durante la ejecución del programa sí cumple con gran parte de las expectativas de los participantes, siendo más allá del estímulo económico la razón de su existencia.

Conclusión

El estudio sobre el programa Jóvenes Construyendo el Futuro en PYMES de Tenosique, Tabasco, revela hallazgos clave sobre la capacitación y comunicación en centros de trabajo como lo es la información y evaluación diagnóstica, donde el 79.41% de los becarios recibió información sobre sus funciones, pero el 20.59% no, evidenciando brechas en la inducción. Por otra parte, el 67.65% fue evaluado en sus capacidades al ingresar, mientras que 32.35% no tuvo diagnóstico formal, lo que podría afectar la productividad y alineación de roles.

Esto indica que la efectividad del programa cumple con lo establecido en su marco legal de ejecución, donde las dimensiones evaluadas (metodología del curso, modalidad presencial y facilitador) obtuvieron puntajes superiores al 80%, indicando que la capacitación cumple con las expectativas de los participantes.

Sin embargo, persisten desafíos como la falta de estandarización en evaluaciones y posibles desvíos de recursos (p. ej.: retención de becas por tutores o pago de una parte de la beca para el patrón). Esto puede impactar en las PYMES, como puede ser que, aunque el programa busca desarrollar habilidades laborales, algunas empresas desconocen sus beneficios, lo que limita su participación. Se destaca la necesidad de mejorar la supervisión y fomentar una cultura de capacitación continua en las PYMES para garantizar una transición efectiva al mercado laboral.

Referencias

Dessler, G. (2009). *Administración de recursos humanos* (12ª ed.). Pearson.

Filion, L. J., & Cisneros, M. (2011). *Capacitación y desarrollo de talento humano*. McGraw-Hill.

Hernández-Sampieri, R. (2014). *Metodología de la investigación* (6ª ed.). McGraw-Hill.

Hitt, M. A., Xu, K., & Carnes, C. M. (2016). Resource based theory in operations management research. *Journal of operations management*, 41, 77-94.

INEGI. (2018). *Encuesta Nacional de Ocupación y Empleo*. Recuperado de: https://www.inegi.org.mx/rnm/index.php/catalog/448.

INEGI. (s.f.). *Directorio Estadístico Nacional de Unidades Económicas*. Obtenido de https://www.inegi.org.mx/app/mapa/denue/default.aspx

Ruiz-Healy, E. (2024). *Informe sobre desvíos en programas sociales*. Instituto Mexicano de Evaluación.

Secretaría del Trabajo y Previsión Social [STPS]. (2018). *Programa Jóvenes Construyendo el Futuro*. Gobierno de México.

SENCE (2001). Caracterización de las necesidades de capacitación vinculadas a la micro y pequeñas empresas, Chile, CGP Consultores

Servicio Nacional de Capacitación y Empleo [SENCE]. (2023). *Instrumento de caracterización de necesidades de capacitación*. Gobierno de Chile.

Videla, R., Aguilera-Eguía, R., & Oguín-Barraza, A. (2024). Validez y confiabilidad en instrumentos de investigación. *Editorial Universitaria*.

Árbitros invitados

Agradecemos su colaboración para el dictamen de los capítulos de este libro a profesores investigadores integrantes de cuerpos académicos y grupos de investigación de la Universidad Juárez Autónoma de Tabasco e instituciones colaboradoras:

Dr. Román Jiménez Vera. Cuerpo Académico: Desarrollo Sustentable. División Académica Multidisciplinaria de los Ríos. Universidad Juárez Autónoma de Tabasco. México.

Dr. Nicolás González Cortés. Cuerpo Académico: Desarrollo Sustentable. División Académica Multidisciplinaria de los Ríos. Universidad Juárez Autónoma de Tabasco. México.

Dra. Ana Laura Luna Jiménez. Cuerpo Académico: Desarrollo Sustentable. División Académica Multidisciplinaria de los Ríos. Universidad Juárez Autónoma de Tabasco. México.

Dra. Arely Bautista Gálvez. Cuerpo Académico: Biodiversidad y Desarrollo Sustentable. Universidad Autónoma de Chiapas. México.

Mtro. José Adolfo Pérez de la Rosa. Cuerpo Académico: Derechos Humanos, Grupos Vulnerables y Políticas Públicas. Licenciatura en Derecho, División Académica Multidisciplinaria de los Ríos. Universidad Juárez Autónoma de Tabasco. México.

Dra. Jessica Yoselin Pérez Ricárdez. Cuerpo Académico: Derechos Humanos, Grupos Vulnerables y Políticas Públicas. Licenciatura en Derecho. División Académica Multidisciplinaria de los Ríos. Universidad Juárez Autónoma de Tabasco. México.

Dra. María Concepción de la Cruz Leyva. Cuerpo Académico: Ciencia y Gestión Agroalimentaria Sustentable. División Académica Multidisciplinaria de los Ríos. Universidad Juárez Autónoma de Tabasco. México.

Dra. Sandra Aguilar Hernández. Grupo de Investigación Educación, Tecnologías y Gestión Aplicada a las Organizaciones. Licenciatura en Administración, División Académica Multidisciplinaria de los Ríos. Universidad Juárez Autónoma de Tabasco. México.

Mtro. José Luis Hernández Juárez. Ingeniería en Informática Administrativa. División Académica Multidisciplinaria de los Ríos. Universidad Juárez Autónoma de Tabasco. México.

Dr. Alejandro Alpuche Palma. Cuerpo Académico: Administración y Desarrollo Tecnológico con Enfoque Multidisciplinario. División Académica Multidisciplinaria de los Ríos. Universidad Juárez Autónoma de Tabasco. México.

Dr. Emilio Jesús Maldonado Enríquez. Ingeniería en Alimentos, División Académica Multidisciplinaria de los Ríos. Universidad Juárez Autónoma de Tabasco. México.

Dr. Jesús Chan Hernández. Licenciatura en Administración. División Académica Multidisciplinaria de los Ríos. Universidad Juárez Autónoma de Tabasco. México.

Dr. Carlos Alberto Cuenca Soria. Cuerpo Académico: Producción, Manejo y Conservación de Recursos Acuáticos. División Académica Multidisciplinaria de los Ríos. Universidad Juárez Autónoma de Tabasco. México.

Mtra. Martha Isabel Centeno Zúñiga. Ingeniería en Alimentos, División Académica Multidisciplinaria de los Ríos. Universidad Juárez Autónoma de Tabasco. México.

Dra. Heradia Pascual Cornelio. Cuerpo Académico: Administración y Desarrollo Tecnológico con Enfoque Multidisciplinario. División Académica Multidisciplinaria de los Ríos. Universidad Juárez Autónoma de Tabasco. México.

Dr. Pablo Enrique Jasso Macossay. Licenciatura en Administración. División Académica Multidisciplinaria de los Ríos. Universidad Juárez Autónoma de Tabasco. México.

Mtro. Edy del Jesús Pérez Vera. Grupo de Investigación Educación, Tecnologías y Gestión Aplicada a las Organizaciones. Licenciatura en Administración, División Académica Multidisciplinaria de los Ríos. Universidad Juárez Autónoma de Tabasco. México.

Mtra. María Jesús Damián Alejo. Licenciatura en Enfermería, División Académica Multidisciplinaria de los Ríos. Universidad Juárez Autónoma de Tabasco. México.

Dr. Raúl Hernández Gómez. Cuerpo Académico: Producción, Manejo y Conservación de Recursos Acuáticos. División Académica Multidisciplinaria de los Ríos. Universidad Juárez Autónoma de Tabasco. México.

Dr. Jorge Víctor Hugo Mendiola Campuzano. Cuerpo Académico: Administración y Desarrollo Tecnológico con Enfoque Multidisciplinario. División Académica Multidisciplinaria de los Ríos. Universidad Juárez Autónoma de Tabasco. México.